アジング・メバリングが

ある日突然上手くなる

LEON 加来 匠

つり人社

前書き

メバリング・アジングは、ルアーフィッシングの中でも大きく分けて『ソルトライトゲーム』にカテゴライズされています。そしてあえて巻頭から定義づけを語ることに実は大きな意義と意味があります。本書では主に、このライトゲームの2大ターゲットであるメバルとアジを中心にしたルアーフィッシングの解説を行ないますが、実はライトゲームを始めた方のほとんどが陥る罠が、この「ルアーフィッシング」という「固定観念」にあるのです。そしてこれが障壁となり、思うような釣果を果たせず、またさまざまなルアーやリグを使いこなせない原因ともなっているのです。

本書は「自称中級からの脱却」がテーマです。もう一段階上へ、さらにもう一段階深くステップアップするためには、この観念の裏側に隠された「ライトゲームの本質」を知らねばなりません。

その本質を知るための秘策とは「ルアーフィッシングからの脱却」です。

ルアーフィッシングのハウツー本でありながらルアーからの脱却……。

違和感があるかもしれませんが、私が本書、各項で語るハウツーには底辺に一貫してこの概念が脈づいています。それは私自身がノベサオ、エサ釣り時代を含め、40年かけて導き出した結論であり、メバリング、アジングシーンにおいてもっとも重要な「原則」であると確信しているからに他なりません。

つまるところ、ルアーは最後に結ぶ「エサに代わるモノ」でしかありえず、納得のいく結果を出すためにはそれ以前、それ以外に成すべき（学ぶべき）ことのほうがずっと重要であり、それらは決してルアーフィッシングに特化されたものではなく、昔から釣りの世界で（当然エサ釣りで）不文律になっているようなことばかりなのです。

本書を読み終わった時に貴方はきっとこの意味を理解できていることでしょう。そしてフィールドに立ち、実践した時に如実にそれが現実として表われ、まったく新たな「ライトゲーム」の世界が眼前に開けていることでしょう。

目次

壱ノ扉　ソルトライトゲームの超メカニズム

弐ノ扉　それでいいのか？　タックル大検証

カバー装丁　日創
イラスト　廣田雅之

伍ノ扉　リアル中級者への階段

六ノ扉　さらなるステップアップのためのヒント

壱ノ扉

ソルトライトゲームの超メカニズム

ややこしいメバルの生態と食性

現在、学術的にメバルは赤、白、黒と3種に分類されていますが、我々がターゲットにしているのはこの3種すべてです。しかし釣りものとしては「根魚」という括《くく》られ方をされており、そのイメージがメバリングにおいて邪魔になっているシーンをよく見かけます。

ひとつ例を挙げれば、私はよくトップウォータープラグ（ペンシルやポッパーなど）を使って水面でメバルを釣りますが、真正の根魚であるカサゴやソイをトップで釣ろうとするとまず無理に近い。これだけで考えてもメバルを根魚と言い切るには乱暴な気がします。また、常夜灯の明かり周りに群れている時などは、そこがたとえ水深10ｍあったとしてもメバルは水面下1～2ｍ辺りに浮いていたりします。このへんが他の根魚と大きく違うところでしょう。

それはとりもなおさず食性からくるものであり、メバルはおおむね水面直下を流れてくるアミなどのプランクトンを常食としているからです。実際、私が釣ったメバルを年間通して胃の内容物を調べると、その8割近くがアミでした。

さて、メバルがこれほどのプランクトンイーターであることは間違いのない事実ですが、

右上／アミパターンでカブラを使い尺をキャッチ
右下／イワシベイトの際、ミノープラグで
左／プラグによるナチュラルドリフトでヒットした瀬戸内尺メバル

これまた真正のプランクトンイーターであるイカナゴやイワシなどとは違い、そのイカナゴやイワシ、さらには子イカまで捕食するフィッシュイーターでもあるわけです。これがメバルであり、だからこそルアーターゲットとして成立しているわけですが、ここであえて前述したトップの釣りで説明します。

私自身、トッププラグで何百尾のメバルを釣ったかすでに覚えていませんが、ほぼ毎回ストマックポンプで胃の内容物を調べています。すると、季節によっては子イカや小魚が入っていることも少なからずありますが、前述したように大抵アミしか出てこない……。

しかし、釣ったルアーは5㎝から8

cmもあるバルサ材やプラスティックで作られたプラグです。そして私のトップルアーのメソッドは浮かべて流すだけ。要するに巻いたりして動かさずに釣っているわけです。

あくまで一例ですが、これが前書きに書いた「ルアーフィッシング概念からの脱却」に繋がる巻かない釣りの代表例なのです。もちろんメバリングに代表的な、ジグヘッドにワームを刺して巻いて釣る、などは間違いなく王道ですが、この「巻いて釣る」「ルアーは動かして釣る」という概念に固執していると、そのエリア内にいる大型を釣り逃すことにもなります。

極例を出してみましたが、メバルという魚は、ことほどさように食性のパターンが豊かであり、群れ（あるいは個体）によっては、巻くと釣れない、動かすと釣れない。また逆に、切れよくシャクらないと釣れないといった場面は多々あります。さらに、近年は全国各地のメバルフィールドのヒューマンプレッシャーは高くなる一方です。巻くだけで釣れる大型の成魚個体はかなり釣られてしまい、水面直下の流下ベイトしか食わないような偏食傾向の強い群れのメバルや、逆にボトムの岩や物陰から滅多なことでは出てこないヤツなどが大型化して生き残っています。したがって、一般的に巻くだけで釣れるのは20cm以下の若い個体だけ、という傾向が強くなっているのです。

しかし、ここに「エサ釣り」の概念や技法を持ち込むと状況は一変します。たとえば本

右／こちらはボトムドリフト（巻かない釣り）でヒットした会心の瀬戸内尺メバル
左／ボトムドリフトではこんなゲストも

書シリーズ「渓流釣りが……」（白滝治郎さん著）の前書き一節にある「ゼロ釣法」や本文中の「ドラグドリフト」のテクニックなどは、図らずも私が近年メジャーフィールドにおいてやってきた新生メバリングの要諦と酷似するものであり、私自身今回初めて拝読して「釣りの原理原則というものはカテゴリーを超越したところに真実を見ることができる」と改めて感嘆したものです。

　そして本著の底流に「ルアーフィッシングからの脱却」という概念を流し込むことに自信が持てたのです。

　もちろん我々がラインの先に結ぶのは間違いなくルアーであり、使用する

ボトムにいた群れをメタルジグで

タックルもライトゲーム専用のものでありますが、ターゲットを知れば知るほどエサ釣り技法の流用や利用が必須であり、ステップアップの最大争点であることは間違いないといえるでしょう。

したがって本書を進めるにあたり、これから解説する各項のロッドワーク、ラインワーク、ルアーワーク等のすべてにおいて、私はこの考え方を軸にしています。それこそが世界に類を見ない日本独自のゲームである「ライトゲーム」を、完成、熟成に導くものであり、本質だと私は理解するのです。

メバリングとアジング、何が違う？

本書の傾向を、ハードルアーにも非常に反応のよいメバルを題材に語ってきましたが、一旦さておき、次はライトゲーム2大ターゲットの二番手、アジについて解説します。

まずもっとも念頭に置かねばならないのは、メバリングとほとんど同じタックルに同じルアー（この場合は概ねソフトルアーを差す）で釣るのに、なぜ別カテゴリーになったのかということです。

これはアジング発祥の地である広島県、山口県エリアにおいて約10年前に明らかになった事実があるからです。特に広島県は国内トップクラスのメバル生息数の豊富さと、それに伴うメバル釣りの歴史もかなり古く、私が以前在籍していたメバル釣りクラブなども大正時代に端を発するほどの歴史がありました。そしてルアーによるメバル釣り（和製擬似餌を含む）もすでに30年近くに渡って行なっていますが、私に限らず、当初はメバリングの最中に釣れるアジは少なく、いわば紛れ程度だったのです。それが徐々にねらって釣れる方法やポイントが見出され、現在のアジングの原型となっていきました。

違いは、探るレンジとアクションでした。

前項で説明したように、メバルは一定のスピードで水平に動くものに対して強い興味を示します。メバルに精通したアングラーほど意識は表層や中層、ストラクチャーの際などにあり、水面直下をスローに引いて釣っていたわけです。一方、アジは概ね落ちるものに対して強い興味を示し、おまけに昔から「アジは底を釣れ」といわれるように、メバルに比べて圧倒的にレンジが低いのです。したがってメバルねらいの際にはアジはあまり釣れず、逆に昨今アジングから始めたアングラーにとっては、「メバルの釣果がよろしくない、難しい」と嘆いたりする原因となっているのです。

私なども初夏から晩秋にかけてはアジングがメインになっていますし、冬場になればメバルメインに移行していくのですが、毎シーズンその境目の初日釣行には若干の集中力を要します。これらはすべてアジとメバルの性質の差からくるものであり、その釣り方の差や違いは古くから行なわれているノベザオ等の釣りを見るとよく分かります。

たとえばメバルの場合、小型ウキを使ったウキ釣りか、ウキを使わないミャク釣りをしますが、探る層は基本的に浅く、ロッドワークはおおむねスムーズなゆっくりした誘いで釣ります。一方のアジはというと、探りの場合でもウキ釣りの場合でも、またはカゴを使ったコマセの釣りでも、基本的には底近くをねらいます。誘いのロッドワークもゆっくりしたものではなく、ポンと跳ね上げたり、チョンチョンとシャクったりと縦のアクション

泥底エリアをゴカイ系ワームで

を頻繁に使います。

　これが基本的なメバルとアジの釣り分け方であり、いかにルアーフィッシングであろうとも原則に変わりはないのです。だからこそ私は本書においてあえて「エサ釣りの技法に学べ」と言いたくなるのです。

ルアーは活きエサだと思え

さて、メバリング、アジングに関してステップアップのための要諦を大まかに述べましたが、具体的な各論に移る前にもうひとつだけ、ステップアップのためにキーワードを書き込ませてください。

「ルアーフィッシング概念からの脱却」を、さらに具体的な形で説明しておきます。

そうです。私はしつこいのです（笑）。

なぜしつこく言うかというと、ライトゲームで伸び悩んでいるアングラーの多くは、今から私が述べる理念が全くといっていいほどないからです。

それは、一言でいうと……、

「ルアーを活きエサだと思え！」です。

実はこれが一番大事なキーワードで、ライトゲームをするにあたってあまりにも「ルアーだから」という意識が強すぎる方が多い。それが「何かしないと食ってくれないのでは」という思いにつながり、数々のチャンスを逃がしているのです。

まずはこれを徹底的に思い込むことで、することがガラッと変わってきます。

ミニマルでアジング。アジはハードルアーでもよく釣れる

ルアーはいろいろな素材で作られています。代表的なのはソフトプラスティックやビニール系素材で作られたワームですが、これなどはまだマシで虫エサや小魚に近いと誰しも思うのですが、そもそも「近い」と思っている時点でアウトです。

ましてプラスティック素材や、鉄や、アルミや、木で作られたようなハードルアーに関しては到底活きエサとは思えないでしょうが、そこをあえて活きエサだと思うことで確実に一歩新しい階段を登れるのです。

ピンときましたか?

まだきませんよね(笑)。

ライトゲームのキモとは

私が何度も経験・検証し、さらに幾度も再現している事実をご紹介します。最もルアーらしいルアーで、最も活きエサらしくないルアーのひとつにメタルジグがあります。メタルジグといえばジギングのイメージが強く、小魚が逃げるようにキビキビと動かして釣るのが基本的なスタイルですが、これをボトムへ置き、ほっといて魚が釣れるか？って話です。

釣れるのです。これで。

過日もそれを信じられない友人の目の前でやってみせました。ボートでの釣りでしたが、船べりからメタルジグを10ｍのボトムへ下ろし、ラインを張らず緩めずの状態にしてロッドを船べりに立て掛けておき、両手をロッドから放しておもむろに煙草に火を点けてほったらかしににする。そうして1～2分も経過した頃、いぶかしげに見ている友人の目の前でロッドのティップがククククッと引き込まれ、何かがヒット。私がニヤつきながらリールを巻いて抜き上げ、友人の鼻先に突きつけたのは25㎝の立派なメバル。しかもそこから5連続で同サイズのメバルを釣りあげて驚かせてやりました。

左／メガサイズのメバル。バチパターンにもミニマルは有効
右／メタルバイブが大吉の日も

種明かしをすると、ジグを底にベタッと置いたわけではなく、ラインを張らず緩めずで底立ちさせて生き物のようにユラユラさせて釣るのです。まあこれはボトムにメバルがたくさんいて初めて成し得る釣り方で、レアケースでもありますが、理解して頂きたいのは、使ったルアーが薄い鉄の板であり、巻かずに釣ったという事実です。

　レアケースだけではなく、普遍的に実践可能な例としては、私の得意技でもあるメタルバイブのボトムロングステイ・メソッドがあります。メタルジグ同様に鉄板にオモリの付いた、いかにも活きエサからほど遠いルアーです。これを岸からキャストし、着底したらブルブルとリフトさせた後、ラインテンションを張ったままカーブフォー

●メタルジグの例

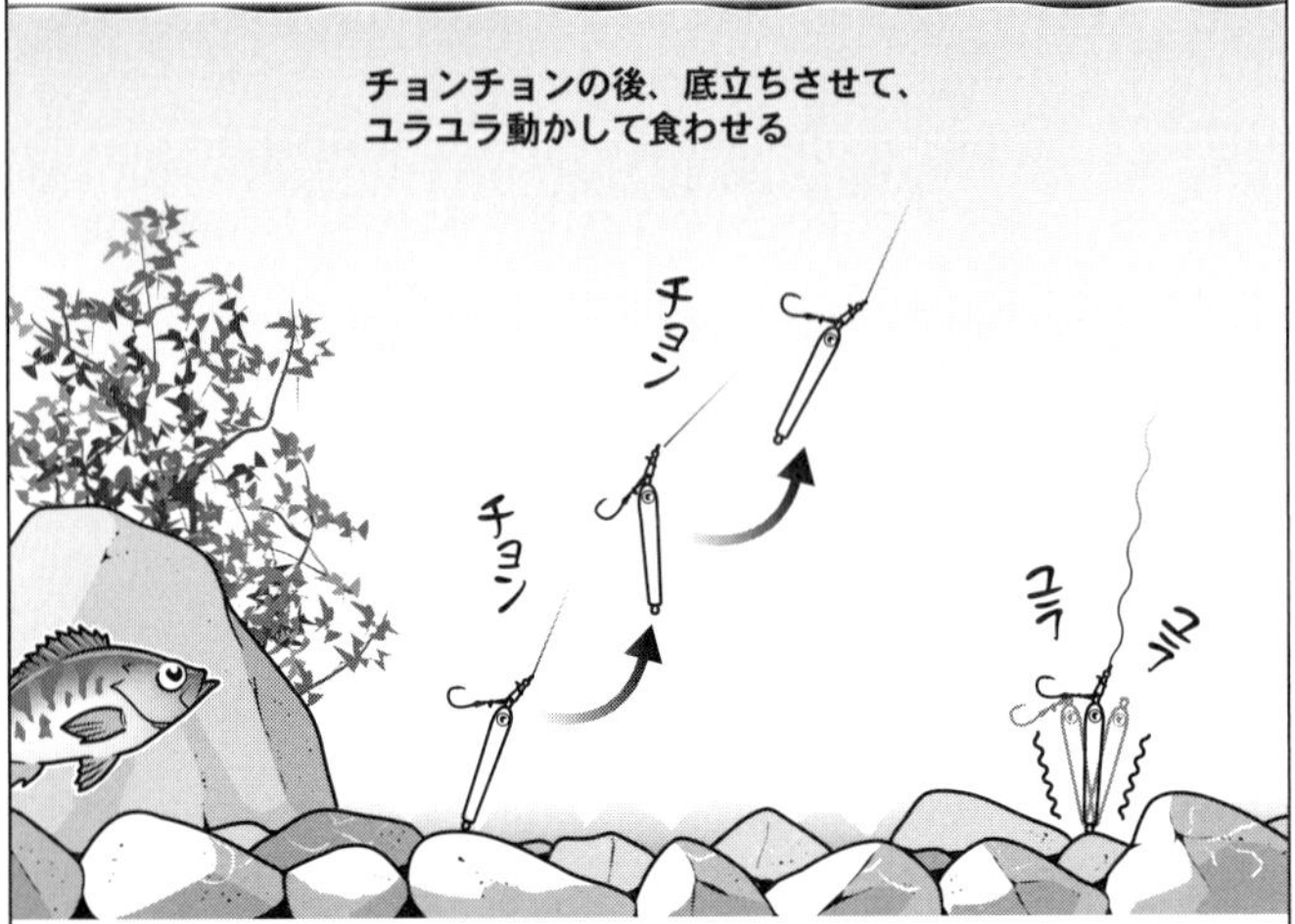

●メタルバイブの例

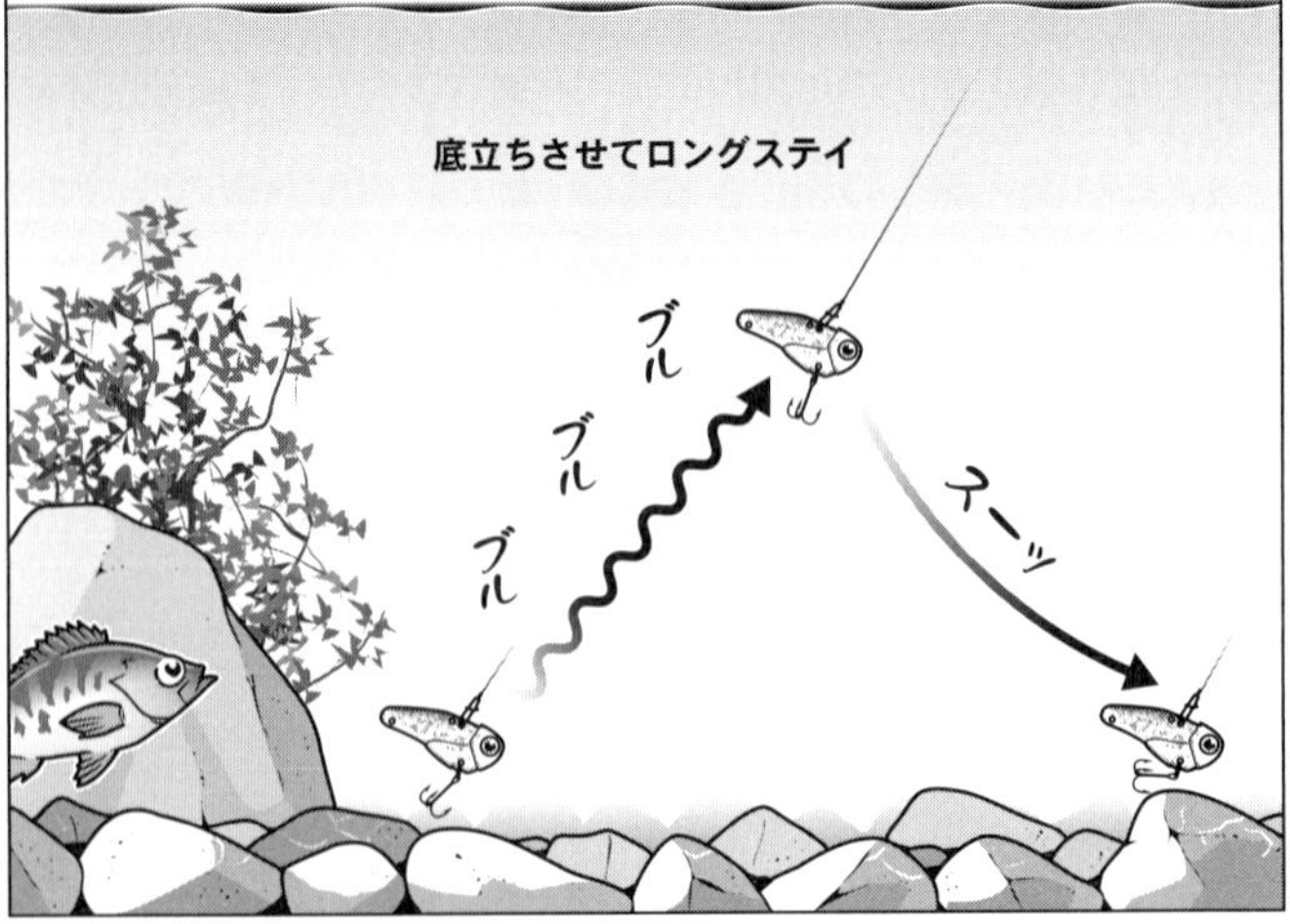

ルで再着底させて釣るのですが、この際どれくらいボトムで止めておくのか？なのです。ある条件のよい日に時計を見ながらやった結果、最長記録はなんと着底後1分20秒でバイトしてきました。まあ、この釣りはだいたい着底から20秒以内で食ってくることがほとんどで平均は5～10秒というところですが、ここでも注目して頂きたいのは、使ったのは鉄板であるということです。どうしても実感の湧かない方は、私が出演している実戦DVD『めばるａｉｎｇアカデミーＬｅｓｓｏｎ３』でその激釣シーンの一部始終をご覧いただけます。そしてこれが私の言う「活きエサだと思え」の具体例でもあるわけです。

ほかにも同様のケースやルアーの使い方はいろいろあるのですが、おいおい述べるとして、いわゆるショック療法として一部を紹介させて頂きました。

そして重要なのは、これがライトゲームの特徴であると理解して頂きたいのです。

なぜこういった釣法が成立するのかというと、言葉どおり、ライトリグ→極軽量であるからです。素材の持つ質量や浮力も伴い、金属といえど、極軽量であれば巻かないで釣ることが可能なのです。このへんが通常の青ものジギングや、基本的に大型プラグを操るシーバスゲームなどと大きく異なる点です。ロングステイやナチュラルドリフトなどの「巻かない釣り」「動かさない釣り」「活きエサ同様の釣り」がより効果的であり、一歩上を行くライトゲームのキモとなるわけです。

常食エサから考える

さあ、これらの逸話を通じて、私の提唱する「ルアーフィッシングからの脱却理論」のシルエットが少しは見えてきたでしょうか。ではこの項のまとめとして、また後述しますが、このエサ釣りチックな釣法が成立する原点、背景を大まかに解説しておきます。それは港湾部に生息するメバルやアジやカサゴなどの「常食エサ」に起因しているのです。

まずはアミなどのプランクトン系、それからエビ、カニ、ヤドカリなどの幼生体であるゾエアやメガロパなど（ステップアップを本気で考えるなら、すぐウエブサイトで調べましょう）、これらの微小浮遊生物と呼ばれる生き物の遊泳スピードを想像してみてください。さらに、それらの生物の成長体やイカナゴ・イワシなどの幼魚及び成魚の動きをよく観察し、イメージすることです。スピードや体の動きなど実にさまざまです。極端なケースでは小指の爪ほどの小さなヒトデまでが胃袋に入っていることもあります。これなどは全くといってよいほど動かないエサでもあります（笑）。

そしてライトゲームとはこれらすべてを考察、想像し、状況に応じてイミテートしていく知的ゲームでもあるのです。

餌木型ルアーによる、ボトムでの
甲殻類パターンで

ルアー選択と操作方法の第一歩は、ターゲットの常食エサをイメージするところから

バチパターンを直線系の餌木型ルアーで攻略

弐ノ扉

それでいいのか？
タックル大検証

ロッドが複数必要な理由①
ラインとのセッティング

ステップアップに必要なタックル考は、まず「ロッドありき」でしょう。

結論からいえば複数本必要です。

これはロッドの長短による使い分けも含みますが、もっと大事なのはラインとのセッティングなのです。

前の扉で述べたように、メバルやアジは時期と場所によって、さまざまなエサを食っていたり、1種類のエサに固執したような偏食をすることもあります。そしてエサの種類によってはそれが水面、もしくは水面直下だけに集中していたり、あるいは中層だけに群れていたり、場合によってはボトムに固まっていることもあります。

また、アジは習性上底エサをあさることが多く、水中では最大公約数的に下目線でエサを捜していることが多いのですが、メバルは通常体ごと斜め上を見る角度でエサが流れてくるのを待っています。

しかしそんなメバルでさえも表層や中層にエサが流れてこない場合は、下目線で底エサ

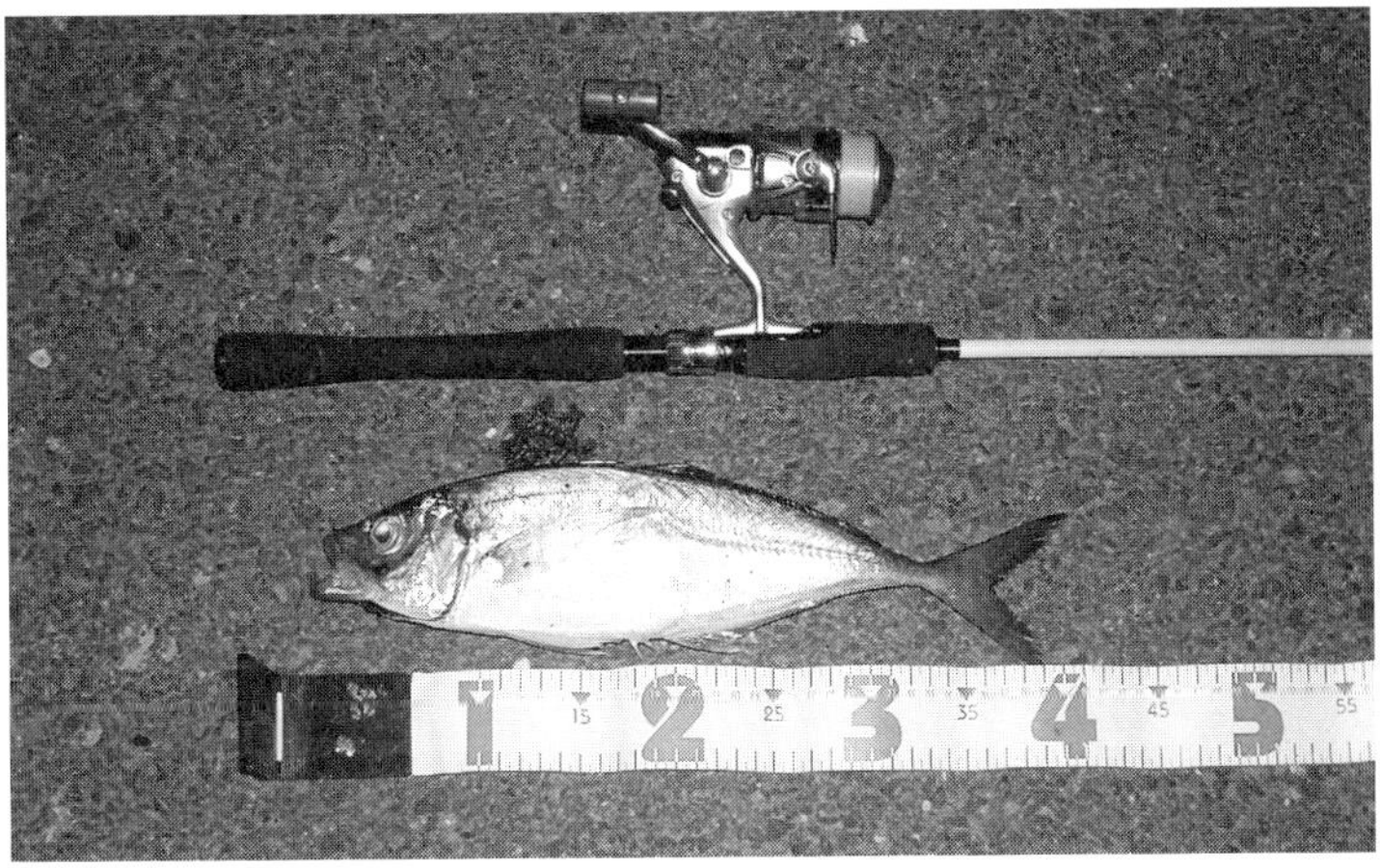
ジグヘッド単体で40アジ

をあさることもあるのです。
つまり、どちらの魚種も場面（その日のエサ）によっては、投入するルアーがまったく変わるということです。
たとえば、水面下をスローに通せば食ってくれる状況なら通常のジグヘッド（以降JH）でもやりきれますが、メバルはそうは甘くない。まるでトラウトのように水面付近の流下ベイトだけを食べていて、潮流に逆らうようなルアーの動きでは食ってくれないヤツが2割くらいいる。そしてそういう個体は釣られていないので必然的にデカイ……。
こうなるとJHではなかなか攻略が難しいので、水面に浮いたり、水中でサスペンドしてくれるようなルアー（おおむねプラグとなる）が必要になる。ところが往々にしてある

水面にいた群れをペンシルで

パターンなのですが、こういう場面でさらに変態チックなメバルがいて、群れの大部分が水面を意識している中、ボトムへ流れ込むエサだけ待っているような個体が必ず少数派として存在するのです。おまけにこういうヤツらも不思議と巻いたら食わない。

結局、渓流テクのドラグドリフトのように巻かずに流し込んで釣るのですが、そうなるとリグの重さが非常に重要で、極端なケースでは20m沖合の7mボトムをJHの0・5gなどの極軽量で流す必要があったりするわけで……。

さあ、ではこういう両極を同じタックルでやれるのかといえば、答えは当然ノーなわけです。

藻際にいたアカメバルをメタルバイブで

前者ではペンシルやサスペンドプラグを扱うため、概ねフロロカーボンライン（以降フロロ）の3～4ポンドクラスや、0・4～0・6号の細番手PEライン（以降PE）を使います。一方、後者をねらおうとすると0・5gのJHをキャストして流し込むためにはフロロの0・3号など極細ラインが必要となり、浮力の高いPEでは釣りになりません。

結局、こういう複合的な釣り方（ねらいめ）が存在するポイントではどうしてもラインの種別、号柄毎にロッドとリールも必要になってきます。

さりとて、ボートを使ったバスゲームなどならともかく、あくまで港湾部や磯場での釣りですから、5本も10本もタックルを持ち込むのは現実的ではありません。

したがって、私は通常の選択として、私自身がプロデュースした次の3本のロッドで大抵の場面をほぼカバーしています。

◆ブリーデン／GRF‐TR68（極細フロロ対応、ソリッドティップ）
適合ライン　フロロ（0・3～0・4号）
適合ルアー　JH／プラグ／メタル（各0・2～1・5gまでの極軽量）

◆ブリーデン／GRF‐TR74（細フロロ対応、ソリッドティップ）
適合ライン　フロロ（0・5～0・8号）
適合ルアー　JH／プラグ／メタル（各1・0～5・0gまでの軽量）

◆ブリーデン／GRF‐TR83（細PE対応、チューブラートップ）
適合ライン　PE（0・4～0・6号）
適合ルアー　JH／プラグ／メタル／飛ばし浮き（各1・5～10gまで）

ロッドが複数必要な理由②
魚に合わせるのではなくリグに合わせる

それでは前項に続く使い分けの基本ですが、これは使用するラインの太さと、結ぶリグのウエイトとのマッチングです。

68はティップが最も細く、極細フロロを使用して極軽量ルアーを繊細に操作できるタイプのロッドであり、メバルの激渋や激スロー場面、あるいはアタリが小さく、すぐ口を離すアジを攻略する場面で使っています。調子としては食わせ波に入れ込むような「ノベザオテイスト」をモディファイし、張りとしなりを両立させたルアーロッドです。ここにもルアーフィッシングからの脱却、エサ釣りテク・メカニズムとの融合が顔を覗《のぞ》かせます。

74はライトゲームにおいてもっとも使用頻度が高く、平均的かつ幅広いシチュエーションに対応できるタイプの代表的なメバリングロッドです。

ポイントによってはこの74だけを現場に2本持ち込み、1本にフロロ0・4号、もう1本にフロロ0・6号。あるいはPE0・4号を巻いた替えスプールや予備のリールを持ち込んで、いかなる場面にも即対応できるよう日頃から常備しています。

83は明らかに大型をねらう場合や、シーバス、チヌ、タチウオなどがゲストとしてヒットするポイントなどへ、PEメインで太めのリーダー（フロロ2号など）を組んで持ち込みます。

また足場が高いポイント、大型テトラ帯、それからナブラ撃ちなどの遠投が必要な場合や、20m以上のスーパーディープを攻める時などはこういったロングロッドが必須であり、大型ルアーやヘビーリグも快適に操作できます。

私は基本的に、その日のフィッシングプランに沿って前述の3本を組み合わせて現場へ持ち込みます。

組み合わせ実例（ロッドはブリーデンGRF-TRシリーズ）

◆レギュラーサイズアジングの場合（2本セット）

68＝0・3号フロロ／極軽JH単体

74＝0・5号フロロ／極軽JH＋軽量シンカー

◆レギュラーサイズメバリングの場合（3本セット）

68＝0・4号フロロ／軽量JH単体

74＝0・5号フロロ／カブラ＋軽量シンカー

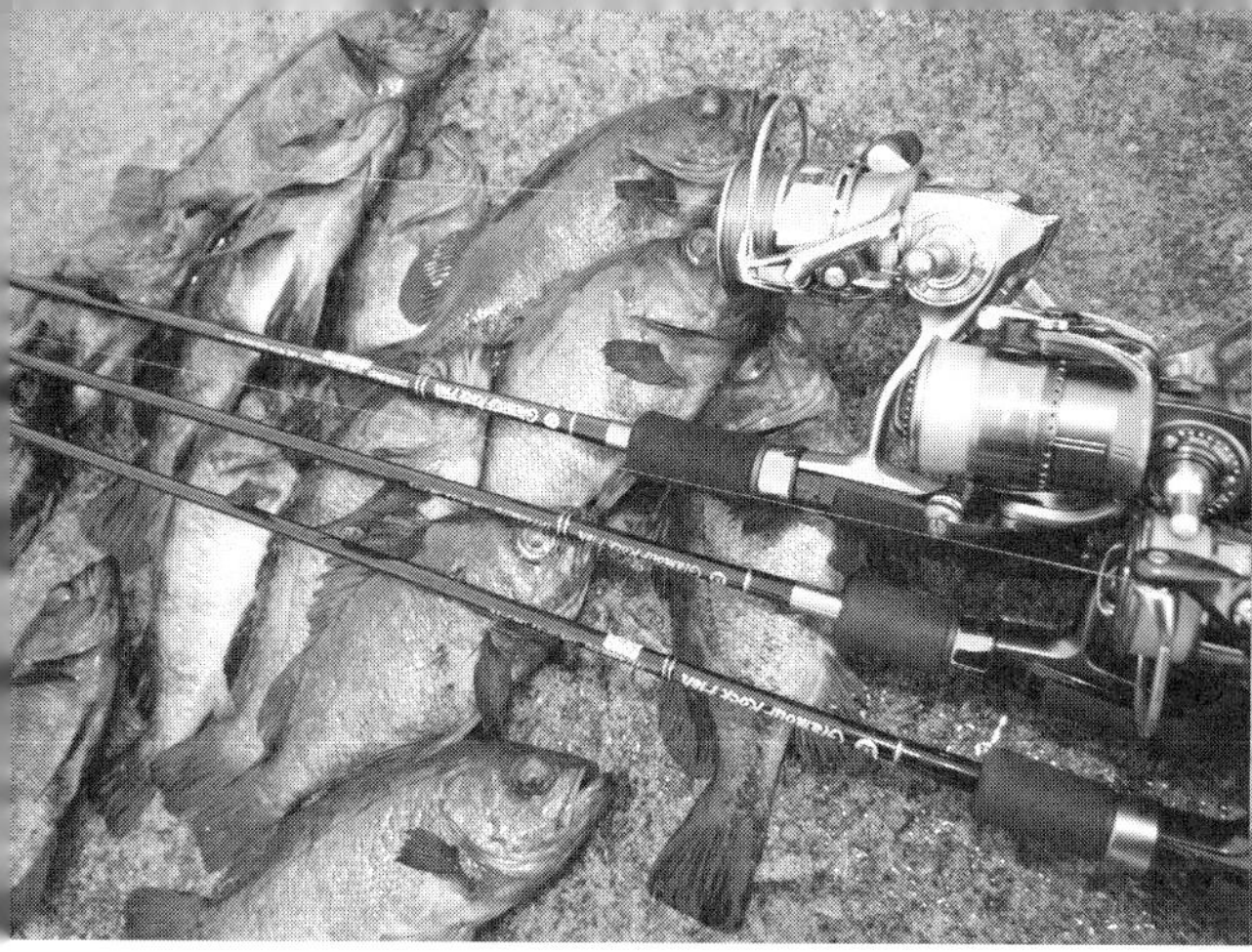

右／ライトゲーム、私の基本のロッド３本
左／システムタックルがかみ合うと爆釣にもつながる

74＝0・6号フロロ／軽量プラグor軽量メタルジグ

◆メガサイズアジ&メバリング（2本セット）

74＝0・8号フロロ／JH単体

83＝0・5号PE／JH単体orプラグorメタルジグ

当然ほかの組み合わせをすることもありますが、大事なのは、ロッドは魚に合わせるのではなく、リグに合わせるということです。

ロッドのスペックを意識する、ということ

ライトゲームにおいて初心者にありがちな間違いが「メバル専用ロッド」「アジ専用ロッド」というフレーズに振り回されることです。

いかに専用ロッドでも、5～10ｇのキャロリグ用の硬めアジングロッドに1ｇのＪＨ単体を結んで投げたのでは、何をやっているのかさっぱり分からないほど操作感が得られません。逆に、極軽量ＪＨ単体用のフィネスロッドに5～10ｇの重めのアジキャロなどを結んで投げたら、今度はフッキングパワーが足りずにアワセが効かなくなるし、本来高感度であるはずのロッドがだるくなってアタリも取りづらくなります。

あるいは、プラッギング用に作られたロッドでＪＨを使って感度が悪いと不満を言い、ジグ用やキャロ用の張りの強いロッドにプラグを結んで投げ、飛ばないと嘆く……。

ロッドとリグの関係性（相性）は、元来基本であるはずのことですが、意外に理解できてないアングラーは多いのです。しかもそういった方たちのほとんどが、すべてが初めての初心者ではなく、「自称中級」の方に多く見られるのです。

そりゃあそうです。ズブの初心者なら飛ぶも飛ばないも、感じるも感じないも、まず比

ジグヘッドスプリットで攻略した40アジ。ロッドはメバル用

較する基準を持たないのですから（笑）。

ともあれ、ステップアップを確実なものにするためには、このあたりを明確に意識しなければなりません。硬い、柔らかいなどのロッドのタイプや性質。推奨ラインやルアーの適合ウエイトなどのパワースペック。ファースト、レギュラー、スローといったテーパータイプ。これらは作り手が歴然とイメージを持って設計しているのです。そしてそのほとんどが、「適合ルアーの種類と範囲に合わせて作ってある」のを改めて意識してください。

ライトゲームは他のルアージャンルに比べて、使うルアーの種類の豊富さも相まって、そのへんが最も複雑なジャンルでもあるのです。

リールとラインの切っても切れない関係①
ラインの種類とのマッチング

リールはルアーアクションへの影響、食わせ、アタリを取りにいく時の感度などにおいて、ロッドほどには直接影響するものではありません。

それより、リールの選び方・使い方に一番大きく関わるのは、使用するラインの種類や太さです。リールの番手とラインのバランスは非常に重要で、アンバランスな組み合わせをすると飛距離に大きく影響したり、ライントラブルの原因となって釣りに集中できなくなります。したがってリールに関しての考察は、ラインの説明と並行して解説します。

◆PEラインに合わせるリール

PEラインは腰がなくて柔らかく、撚《よ》りイトなのでナイロンやフロロに比べて3〜4倍の強度があり、伸長度はゼロに近くて伸びず、比重が小さいので水に浮き、質量も軽くて非常に飛距離が出やすいのが特徴です。

この「腰がない」という特性と、質量が軽いので、スピニングリール特有のループ状に放出されるラインがガイドに衝突する時に生じるストレスは、フロロなどに比べてずっと低いといえます。したがってライトゲームにおいては、放出口径が小さい1000番台などの小口径スプールのほうが、中口径や大口径より飛距離が伸びるラインでもあります。では1000番リールがよいのか？　という話になりますが、これに関しては次に記述するフロロとの使い分けを持って答えとします。

◆フロロラインに合わせるリール

ライトゲームに見合ったリールの選択は、このフロロの性質にかかっているといっても過言ではありません。フロロは、リールを選ぶラインといえます。

大きな特徴は比重の大きさ。

PEは0・97、ナイロンは1・14、フロロは1・78です。分かりやすくいえばPE、ナイロンと違い、フロロカーボンラインは水の比重（1・0）よりはるかに大きく、唯一フロロだけがオモリを付けなくてもライン単体で水に沈むのです。

この性質が、極軽量リグを扱って港湾部の魚を釣るライトゲームでは実に不可欠な要素なのです。ほかにも「ナイロンより伸長度が低い」「PEより根ズレに強い」「ナイロンより紫外線劣化しにくい」などの特徴があるのですが、それより何よりこの「水に馴染む」という特性がライトゲームにおいて最も注目すべき性質です。ライトゲームを極めるうえでその扱いに長けることが必須事項になるほど、フロロはライトゲームに欠かせないメインラインなのです。
しかしフロロにも欠点があります。その最たるものが「反発力」であり、次に来るのが「巻きグセが付きやすい」「飛距離が出ない」です。この欠点のせいで釣りの最中にトラブルに見舞われ、嫌になってフロロを使わないアングラーもいるほど、扱いづらいラインでもあります。

大都会（横浜）でもこの釣果。
バランスのとれたタックルは大事

リールとラインの切っても切れない関係②
小口径より大口径

フロロカーボンラインを使用する場合、ナイロンやPEのように1000番台の小口径スプールに巻くと、かなり扱いに慣れたアングラーでも閉口するほどトラブルの頻発に悩まされます。

購入してスプールへ巻いたばかりの状態ではその反発力が災いし、広がろう広がろうとする力が働いてドッと大量放出になったり。スプールに馴染んだと思ったら、今度はスプール径に沿った形で巻きグセ（カール）が生じて飛距離に多大な悪影響を与えたり、カール部分がヨレたままスプールに巻き込み、通称「ピョン吉君」というトラブルに見舞われることになります。

こういった特徴があるところにさらに、メバリングやアジングには魚のサイズからして渓流や管理釣り場の概念が持ち込まれることが多く、そのひとつに1000～1500番台の小型リールの適用が普遍的になっている側面があります。そこに不具合が生まれているのです。不具合の原因は、渓流タックルの場合はスプーンやプラグの巻きの釣りが主体

太いラインほど巻き量は少なめに

2000番リール（上）と2500番リール

で、それに合わせてナイロンラインが主流になっているからです。

結論は「フロロには最低でも２０００番リールを適用する」です。

それも、できればスプール径の大きな製品を選び、さらにシャロースプールにして巻きグセの径をできるだけ大きくしてやるのが肝要です。事実私は２０００番が最低ラインで、通常は２５００番を主体に、場合によっては３０００番も使います。

ここで「では２５００番にＰＥを巻いてもよいの？」という疑問が出てきますが、ＰＥやナイロンの場合はスプール径が大きくなったところでその性質上大きな問題は特にありません。したがって、ライトゲームのリール番手はフロロ主体に決定し、他のラインはそれに合わせて兼用するのが最も合理的だといえるのです。

高級リール1台よりも半値モデル2台×替えスプール

ステップアップを果たすためには、最低でもPE、フロロの両方を正しく使いこなさなければなりません。さりとて、ラインの種別や番手ごとにリールを分けて持つのは携帯性や取り回しの面でも現実的ではありません。そこで一番合理的なのが替えスプールをリール1台に付き最低2個は用意することです。

私の替えスプール実例（S＝スプール）

◆イグジスト（2004）
S1．フロロ0・3号　S2．フロロ0・4号　S3．PE0・3号

◆ニューセルテート（2004）
S1．フロロ0・4号　S2．フロロ0・5号　S3．PE0・4号

◆イグジスト（2506）
S1．フロロ0・6号　S2．フロロ0・8号　S3．PE0・5号

◆セルテート（3000）

ライン種別、号数別に替えスプールを用意しておく

S1．フロロ1・0号　S2．PE1・0号

たとえば5万円以上もする高級機1台を持つより、2万円台のリール2つにそれぞれ替えスプールを持ったほうが、現場ではずっと戦力が上がるのです。

高級機は確かに回転の滑らかさや軽さ、ドラグの性能などそれだけの価値はあるのですが、現在では2万円も出せば必要な基本性能はすべて備わっています。まずはタックルトータルの予算配分を充分考慮し、現場に必要な最低戦力（ラインナップ）を揃えることをお勧めします。

フロロカーボンラインを使いこなす＝釣果UPの近道

さて、この項ではリールとラインの関係性を書いてきましたが、「あれ？　ナイロンは使わないの？」と思われたことでしょう。

そうです。私はライトゲームにナイロンラインを持ち込むことはほとんどありません。それなりの使い方とメリットもなくはないですが、沈めて使いたい時は圧倒的にフロロが有利ですし、浮かせて使いたい時はＰＥの独壇場です。特に最近は柔らかめのフロロもありますので、水中でのコントロールが容易で、かつモノフィラメントの中では圧倒的に感度伝達に優れたフロロは「止めて待つ」ことが多いソルトの釣りに非常にむいています。実際私の身の回りでも、腕達者なライトリガーでナイロンを使っているアングラーを見ることは、一部を除いてほとんどありません（この場合海の釣りを差します）。それほどライトゲームにはフロロの特性が向いているのです。

トラブルを嫌がるあまりナイロンラインを使っている方も多いのですが、ステップアップを果たすためには、ＰＥよりもナイロンよりも、このフロロの扱いに精通することが絶対条件であるとさえいえるでしょう。

釣果 UP への近道のひとつはフロロカーボンラインを使いこなすこと

フロロのトラブルを未然に防ぐ

フロロで一番多いトラブルは、ラインがスプールから勝手にこぼれ、いつの間にかもつれてしまっている、いわゆるバックラッシュです。

また、「小口径より大口径」の項でも述べましたが、カールグセが付いたラインでスラックを取った時に起きるピョン吉君現象では、イトがヨレたままスプールに巻き込まれ、次のキャストで引っ掛かって飛ばなくなったりします。

これらのトラブルは大抵の場合、スプールへの巻きすぎによって起きます。

ナイロンやPEは比較的やわらかいので、スプールエッジいっぱいまで巻いてもそれほどトラブルになることはありませんが、フロロは、巻きたては特にスプールからこぼれようとするので、前者とは異なる適正巻き量があるのです。

目安としては「巻き量をスプールエッジの8割で押さえる」ですが、これもラインの太さや銘柄で微妙に異なります。太いほど反発力も強くなるので号数ごとに微調整が必要ですし、そこには常日頃のロッドの取り回し等、個人差というものも影響します。出来れば自分の好きな銘柄を早く固定化して、号数ごとの自分の適正巻き量を身につけねばなりません。

また、ピョン吉君の正しい処理法ですが、よく見かけるのがベールを起こしてフリーにし、ピョン吉になっている場所までせっせとラインを出している方。

これは非常にまずい方法です。

ピョン吉のループを上イトが巻き込んでいたりすれば、下手をすると下イトも一緒にドッと出て全く収拾がつかなくなります。風が強い日などにこれをやると、ぐちゃぐちゃになってそれこそ一巻の終わりです。

正しい方法は、ベールはそのままでドラグをゆるゆるにし、スプールから引き出したラインはロッドティップへ送って海面へ落とす。そしてピョン吉にたどり着けばそのまま簡単にほぐれます。

ピョン吉が頻発しだしたら次の簡易解決法をお勧めします。

ジグヘッドなどを何かに引っ掛け、ドラグを緩くして後ずさりながらラインをキャスト距離分くらい引き出します。次にスプールを押さえてドラグを滑らないようにし、ゆっくり徐々にテンションを掛けて引っ張ります。最終的にライン強度の7割くらいのテンションで、20秒程度引っ張ったままにしておけばカールがとれて真っ直ぐになります。

だいたいこれでその日はトラブルレスで過ごせるでしょう。

PE はスプールなりに、フロロは八分目、と覚えておこう

ラインのカールした部分をそのまま巻き込むと「ピョン吉君」が現われる……

ロッドのメンテを怠ると……

　フロロに限った話ではないのですが、ここでついでに語っておきます。ライントラブルの原因に、ロッドやガイドの汚れが加担することも覚えておいてください。

　特に最近のライトリグロッド（アジング用、メバリング用）は、操作性や感度アップを図るためにガイドの小径化が進んでいます。私がプロデュースしたメバル用ロッドなども、トップガイドに3・5J、ティップ部には3・0Jという極小径ガイドを搭載しています。それはまさしくルアーロッドにノベザオ並みの繊細な操作感をもたらす技法であり、ロッドの性能は飛躍的に上がりました。

　しかし、これらは性能の向上と同時に、扱いやメンテナンスの面でもより綿密な配慮が必要となっているのです。たとえば3回釣行したとします。そして釣行後にしっかり水洗いなどをしなかった場合にどうなるかというと、ガイドリング内に塩水が乾いて結晶となって固着し、ラインの放出を妨げ、ひどい場合は気づかない間にライン表面に傷を付けることになってしまいます。またブランクスも同様で、釣りの最中に濡れた細イトはリールとバットガイドの間のブランクスに張り付いたりしてトラブルの原因となります。

このサイズが連発すればしびれる……
そんな時のためにも日頃のロッドメンテナンスは怠りなく

フロロフインを使用してもトラブルなく釣りをしている上級者は、このあたりもキチンと出来ています。ガイドやブランクスを常に清掃し、フッ素やシリコン系などの滑面剤を塗布して、タックルのパフォーマンスを最大限引き出すよう気を配りましょう。

参ノ扉

「自称中級」が落ちる穴

「常夜灯周り」「ナギを釣れ」は100%正解か

ここからはライトゲーム最大最良のターゲットである「メバル&アジ」の最新事情を踏まえて解説します。

「メバルは常夜灯周りがよい」

「メバルはナギを釣れ」

これらの定説は決して間違いではありません。現在でも充分通用する不文律ではあります。しかしながら、メバリング人口の多い地域やメジャーポイントなどの激戦区では、今や逆のことがいえるのです。

曰く、

「闇場所が熱い」

「荒れた日がよい」

などです。

これらはヒューマンプレッシャーが原因でウブな良型が釣り切られてしまったこともありますが、もうひとつ、古い定説や定石とは違うメバル本来の習性が明らかになりつつあ

相手は自然、定説ではないところに正解があることだってある

ることの証明でもあります。

　これを簡単に理解するためには、魚を擬人化してみたりすると分かりやすくなります。

　たとえば、ファストフード店やファミリーレストランでは絶対に食事しない人たちがいます。

　たとえば、肉食は一切せず、魚食や野菜しか食べないベジタリアンもいます。

　たとえば、外食が嫌いでお昼も手作り弁当ばかりの人もいますし、オーガニックな食材しか食べない人もいます。

「いやいや、それは考える力のある人間だから……」

　とお考えですか？

違います。実際にそういう偏食傾向の魚たちは必ずいるのです。

生命は種族の繁栄を確たるものにするために、「全員右に倣え」には決してなりません。すべての種族が同じ行動をとるようだと常に絶滅の危機にさらされるからです。

少しオーバーに書きましたが、その事実を証明するに足る実例を挙げてみましょう。

たとえばフライフィッシングの世界ではこういう現象があります。

「ニンフしか食べないトラウト」

「ダンしか食べないトラウト」

「スピナーしか食べないトラウト」

などです。

簡単に説明しますと、ニンフ（幼虫、水面下を釣る）、ダン（亜成虫、水面〜直下、半沈みで釣る）、スピナー（成虫、水面上を釣る）という、カゲロウの羽化3段階に合わせた釣り方なのですが、我々はこれを「その日だけの傾向」と思いがちです。しかし、フライのエキスパートに話を聞くと、必ずしもそうではないことが分かります。個体によってはダンならダンにしか、ニンフならニンフにしか反応しない事実があるというのです。

これはメバルを40年追いかけ続けている私にも思い当たるシーンがいくつもあります。

たとえば私のあるホームポイントでの話です。大変メバルの多い超A級ポイントなので

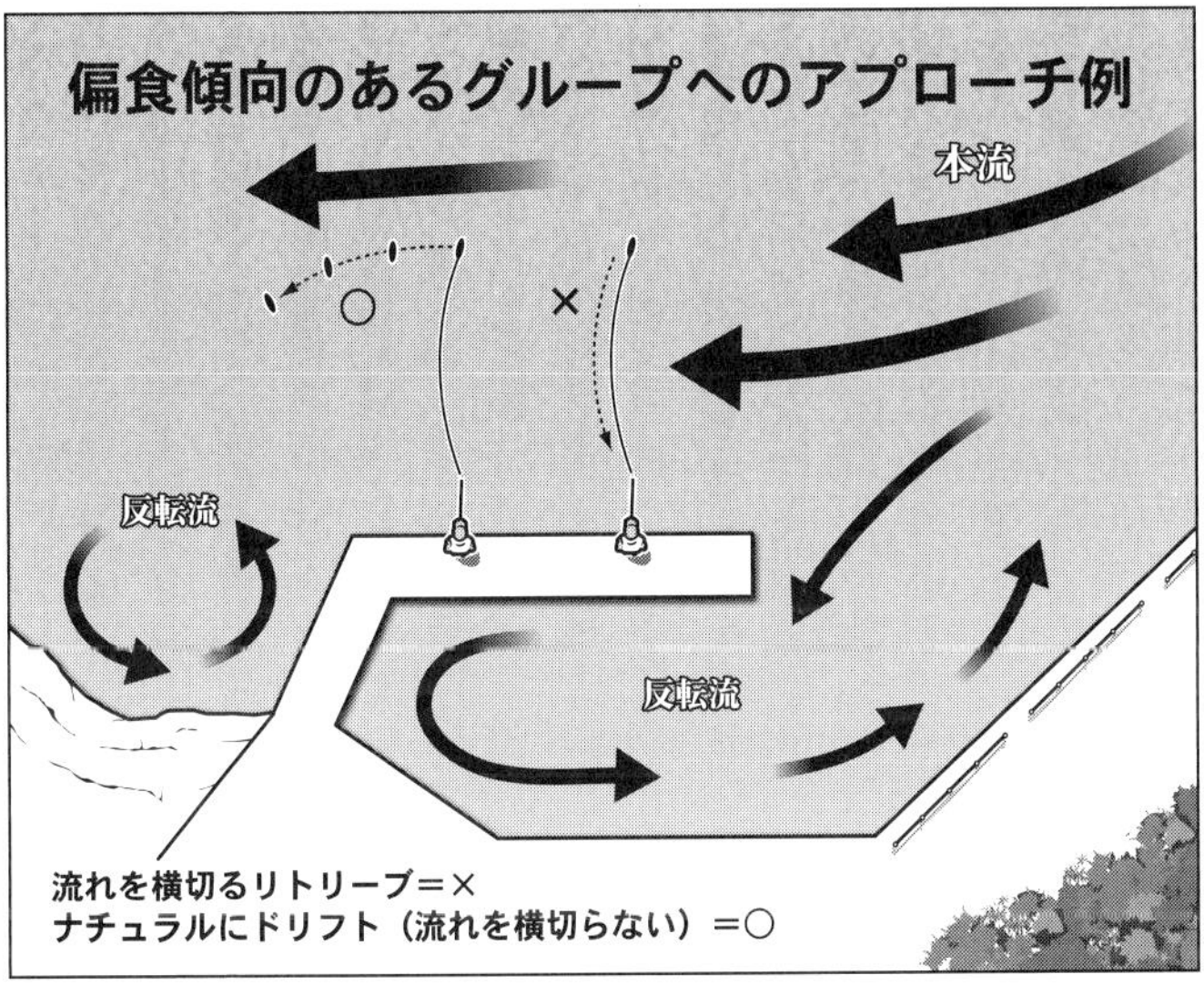

すが、さすがに近年は目立った釣果が出しにくくなってきた場所でもあります。

そこは海峡に突き出た堤防で先端に強い常夜灯が灯り、瀬戸内の激流がモロに当たる申し分のないロケーションで、時には一晩で3桁と実際よく釣れたものです。

そして近年釣れる数もサイズもどんどん低下していったのですが、だからこそ見えてきたことがありました。それはその先端部の常夜灯の明かりがぎりぎり届くか届かないという沖合にだけ入ってくるグループ（一家であり、一族）がいたという事実です。しかもこの一族は、前述のトラウトでいうところの「ニンフしか食わない」に近い性質をもった連中でした。

もう少し具体的に説明します。

連中は堤防の沖合を流れる「本流」から、決して出ようとしない一族でした。そしてさらに厄介なのは、本流に乗って流れてくるアミだけを待ち受けていたのです。したがってこの連中はジグヘッドやミノーを投げて巻いても食わない。要するに流れを横切るような動きには反応しないのです。おまけにレンジに凄くシビアで、ペンシルなどで水面を流しても食わず、唯一、水面下30㎝内外を潮に乗せて平行に流してやらないと口を使いませんでした。しかも釣れてきたのはすべて25㎝オーバーから最大32㎝までのランカーサイズばかり……。

結局この一族は食性が偏向傾向にあり、今までどの釣り人の手にも掛からなかったグループだったのです。したがって、これを「スレている」と捉えるのは間違いです。昔からこのポイントにいたはずで、従来の釣り方には最初から反応しなかっただけなのです。

「同じ釣り場でも異なる食性」が意味するところ

もうひとつ実例を挙げてみます。

瀬戸内はカキの養殖が盛んで、漁港のそばには「カキ打ち場」があります。そのカキ打ち場のポイントでの話ですが、やはり常夜灯が灯り、たくさんメバルが集まってきます。ところがジグヘッドを投げて巻いてくるだけの釣友には20cm前後しか釣れず、私には25cm前後のグッドサイズばかりが食ってくるということがありました。

種明かしは明確でした。

釣友が釣っているメバルは、明かりに寄ってくるアミやプランクトンを待ち受けているメバルであり、私が釣っているのは、「捨てられたカキガラ」の間から時折顔を出す甲殻類やゴカイだけをねらっているメバルだったのです。

したがって私の釣り方は巻いて釣るのではなく、ジグヘッドをボトムのカキガラの上に置き、少しだけ動かして、後はステイでじっと待つという釣り方だったのです。

そうです。これはそのままゴカイエサを使ったノベザオの探り釣りテクニックなのです（笑）。

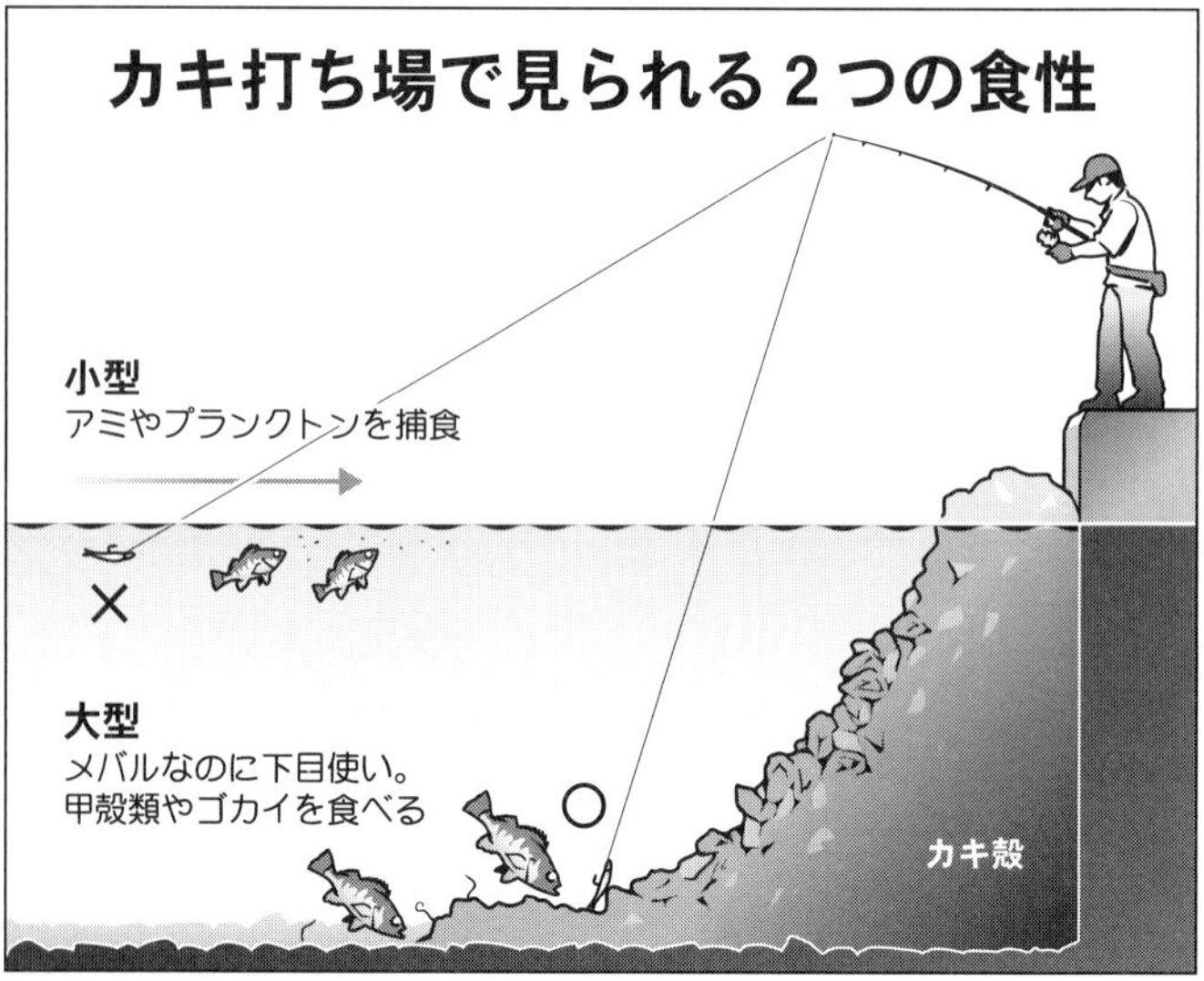

メバルのポイント、着き場を捜すうえで近年重要なのは、まず、これまでの常識的概念を取っ払うことです。そして改めてメバルの性質や動向を推理推測し、情報誌やハウツーになかった全く新しいフィールドの発掘や、通いなれたポイントにおいてさえも、想定外の釣り方を試みる必要があります。そしてそれはともなおさず、過密する一方でともすれば釣り禁止にまで至ることさえもあるメジャー釣り場から脱出するきっかけにもなり、真の中級者、上級者への道でもあるのです。

自分だけのパラダイスを見つける

さて、では何を基準に新しい釣り場、新しいポイント（この場合、通いなれた釣り場の中でも、考えもしなかったピンポイントや、やらなかったタイミングなどを差します）の開拓をするのかを解説します。

◆闇場所にパラダイスがある

メバリングにおいて尺アップを釣るのはだれしもが持つひとつの夢でもあり、目標でもあります。

ではどういった場所で捕獲されているのかですが、近年メガ級メバルで一躍有名になった伊豆地方や茨城地方、世界記録の出た和歌山県などのデータを収集してみますと、90％近くが全く明かりのない海岸線で釣られています。そしてこれは前述した地域に限らず、日本中のいたるところで同様の結果が出ていますし、今や上級者の間では常識とさえなっています。

しかし暗い場所というものは、明かりのある堤防と違って海岸線のほとんどが暗い場所ですから、あまりにも茫洋としてつかみどころがないでしょう。やはり何事にも目安というのは必要です。

そして目安になるヒントは多々あります。

あるのですが、これは「明かり」という非常に分かりやすいものとは違い、釣り全般に共通なプロット（枠組み）でしかありません。

列挙してみます。
①潮通しのよいところ。
②水温が安定しているところ。
③エサが豊富なところ。
などがまずもって大まかな目安です。

そしてさらにこの材料にメバルの特性を加味し、あてはめていかなければなりませんし、そのためには「ベイト」の種類や居場所を知らなければ話にならないのです。

これはメバルに限った話ではありませんが、釣るという行為で魚を捕獲する以上、エサの議論抜きには語れないのですが、本気で考えるアングラーは意外に少ないのです。そして中級、上級へのステップアップにはこれも欠かせない重要な案件なのです。

私が実際に確認した（胃袋の中身）メバルのメインベイトを大まかに挙げてみます。
①アミ類。

海岸線はどこでもポイントになる可能性がある

②ゾエア及びメガロパなど甲殻類の幼生、及びその成体。
③イワシ、イカナゴ、ウミタナゴ、ナミノハナ、シラウオ、シロウオ、アユの幼魚。
③スルメイカ、ケンサキイカ、ヤリイカの幼魚。ミミイカ。
④ゴカイ、イソメなどの多毛類各種。
比較的よく見るベイトだけでもこんなに出てきました。もちろんそれ以外も何度も見ています。珍しいところではアナゴの幼魚であるノレソレやヒトデの幼生、キスなどを釣る完全なるサーフ（砂地）に棲むヨコエビなど……。

そしてこれらは単純に生活圏が一緒ではありません。

たとえば①のアミひとつとっても普通のメバリングフィールド（ショアから釣りが可能という範

囲）に3種類は見ることが出来ます（藻が点在する浅い砂地に住む種類、河口部の砂泥に住む種類、深場で発生して浮遊してくる種類など）。

単純にアミを食っているといっても、堤防の灯りに寄るアミもいれば、河口部の汽水域まで上がるアミや、真っ暗な磯場のアミもいるわけです。そしてこれらはサイズも違いますし、集団で発生する季節や条件も異なります。小魚にしても、子イカにしても決して同じ季節に沸くわけではありません。スルメイカの仔やイカナゴの仔は春先に同時期に発生しますが、タナゴやナミノハナは大抵初夏に孵化が始まり、磯のタイドプールなどで過ごすので、その時期にはタイドプールの払い出しでメバルが待ち受けていたりします。

要はポイントの新規開拓には、こういうエサ目線で場所を捜す必要があるということです。明かりのある堤防から脱出し、自分だけのパラダイスを見つけることが出来れば、これはもう中級を飛び越して上級者の領域ということになります。

ポイントの具体例は次のとおりです。

①潮当たりのよい磯で、シモリやクラックやタイドプールがある場所。
②サーフのところどころにある砂防帯や消波ブロック周り。
③河口部周辺、汽水性アミ、稚アユ、シラウオの通り道。
④ゴロタ浜や、沖合に藻の密集があるサーフ。

明かりのない磯場はビッグ
メバルの可能性が大

⑤海岸線道路で岬状になっている場所。

◆薄明り、遠明かりを捜そう

もうひとつ見落としがちで非常に有望なポイントは、「薄明りの落ちている場所」です。

海岸線に近い高速自動車道路の外灯や、海岸線に立つ観光ホテルなどは大抵一晩中明かりがありますし、かなり遠くても常夜灯の役割を果たしており、メバルを寄せる（つまりエサを寄せる）重要なファクターとなります。

つまるところ、メバルは前述したさまざまなベイトを食べていますので、ほぼすべての海岸線にいると思わなければ新規開拓はなりません。エサの種類と溜まり場を想像し、それが特定できればもう手にしたようなものです。

いつものポイントの近くにキモが

闇場所が苦手（嫌な）な方は、前項のベイトの話を踏まえ、もう一度日常ポイントを見直しましょう。

実例を挙げてみます。これはこの原稿を書いている2011年1月、私自身が10数回は訪れた場所でのことです。

そこは瀬戸内で代表的な海峡に面した明かり付きの堤防です。通常はその常夜灯周りが最も確率が高く、事実私も過去にはすべて外灯周りで釣っていました。しかし当日は常夜灯周りをいくら釣っても20㎝以下の居つきの小メバルしか釣れません。

そこで私が出した答えは「ははあ、まだ明かりに付くエサがいないな」です。重要なのは「メバルがいないな」ではなく、常に「エサがいないな」と考えるべきです。そうすれば頭が働き「ではどこであれば？」と想像が進んでいきます。

この場合、答えはすぐ近くの薄暗い砂地帯にありました（P67写真参照）。そこは堤防付け根付近の超浅場で、干満の差が激しい瀬戸内では干潮時に完全に干上がる場所です。そして、満ち6分、水深が40㎝ほどになった頃から釣り始めましたが、1投目から反応が

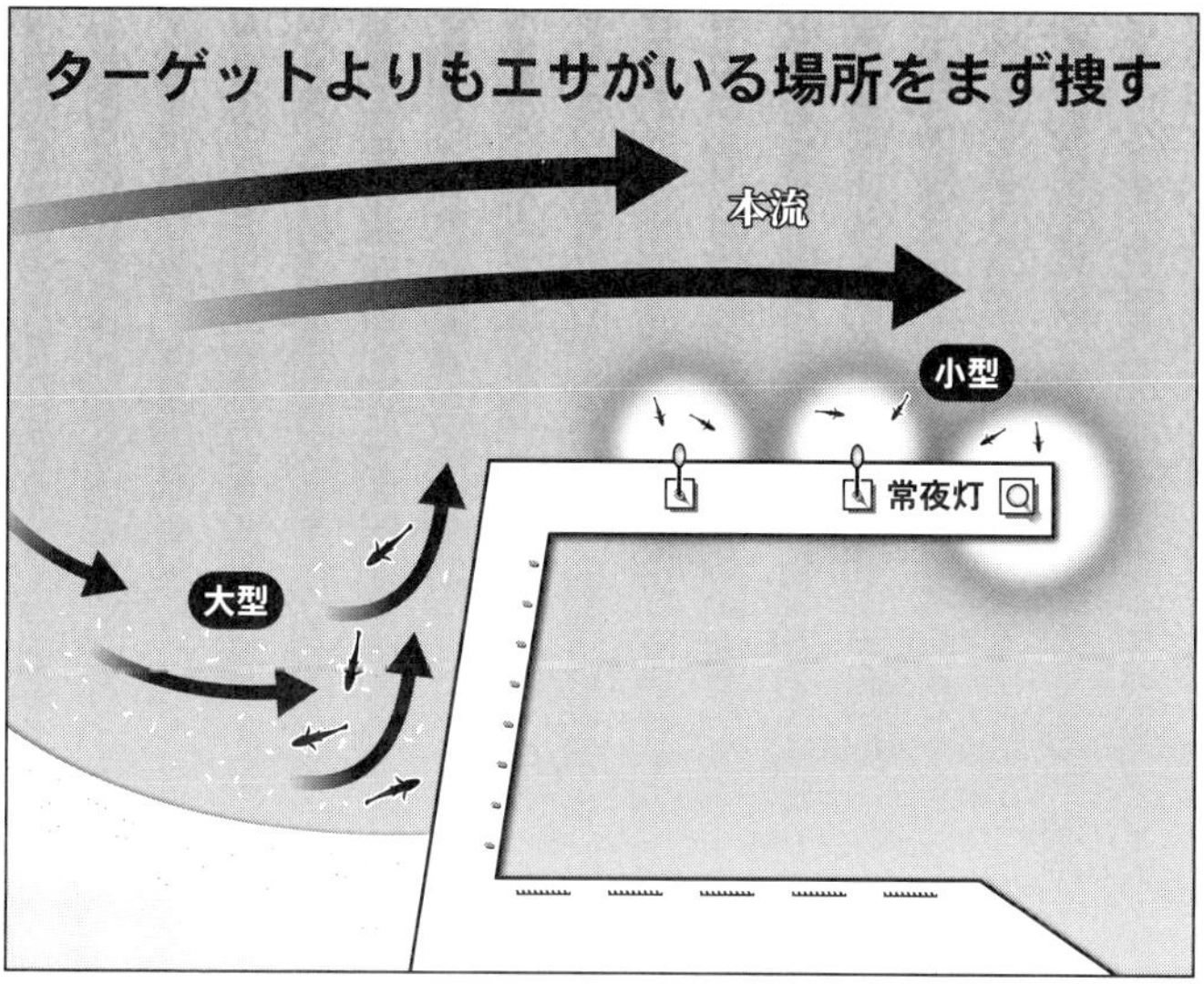

あり、それまでとは明らかに違うサイズがワンキャスト・ワンヒット状態で立て続けに釣れたのです。さっそくストマックを取ってベイトを確認すると、0・5cmほどの小さなアミが出てきました。そしてこのケースで一番よく釣れたメソッドは、小型プラグでの表層スローただ巻きでした。

あくまでも推測ですが、「浅場砂地を好む種類のアミ」が、満ち潮がかぶったら砂地から抜け出てくるパターンではなかったのか、と。そしてそれらは外灯周りに集まる習性をもっていない……。しかもこの場所は1年ほど前に、少し深い側（1m程度）で尺アジをレジ袋一杯釣ったことがあります。普段は釣れないのに、です。恐らく同じエサを食っていたはずですが、メバルほど浅場（50㎝程度）までは上がらない習性なのでしょう。

アミの実態、性質の事実がどうであれ、こういった現象はメバルやアジを追いかけていればたびたびぶつかります。

ある日は普通のリグでは到底届かない50ｍ沖合のボトムだけにいたり、ある日はその距離の表層だけにいて、Ｐ52で紹介したように流下ベイトだけを食っていて巻くと釣れなかったり。またある日は堤防で全く釣れず、その近くの１００ｍほど離れた普段はあまり釣れない道路際の「藻際」にたくさん群れていた（恐らく産卵行動の一環）こともありました。

ここでひとつ推測して頂きたい。これは私の持論なのですが、メバルは、青地メバル（クロメバル）以外はそんなに回遊せず、移動距離が短いはずです。ホームとエサ場を含め、せいぜい直径で５００ｍ程度の生活圏でしかないと思っています。だから、普段釣れるはずのポイントで釣れない場合は、なんらかの理由（私は産卵行動と、食餌行動がすべてと考えます）で近くにいると想像することが大事であり、そういった目線で考えればいつものポイントのすぐ近くにパラダイスを発見することにつながるでしょう。

あえて暗いところをねらう釣り人

風は無視できない

ポイント捜しの要諦にもうひとつ大きく絡む要素があります。

それは風の存在です。メバルやアジはおおむね極小エサである稚魚やプランクトン類が常食になっている関係上、風向きによってエサが集まる場所が大いに左右されるのです。

極例を挙げます。東西に開いて南北に延びた小さめのワンドがあるとします。こういう場所は風向きで魚が西岸に着いたり東岸に着いたりします。理由はエサであるプランクトンが風に吹き流されて固まるからです。西風が吹けば東岸に、東風が吹けば西岸にエサが集まるというわけですが、これは堤防でもよくあります。20～30m付近でパラパラ釣れていたのに、風が正面から強く吹き始めたら活性も一気に上がり、釣れるゾーンも堤防際に集中したりします。いわゆる「ウインディサイド」という考え方で、ブラックバスなども風の影響を受けます。淡水プランクトンの代表格であるミジンコが風で吹き寄せられ、それをエサにしているワカサギなどが集まって、バスもそこをねらうという図式です。

海でのウインディサイドにはもうひとつの要素も加わります。

それは離岸流ですが、ウネリが押し寄せて出来る離岸流とは別に、ウネリのない瀬戸内

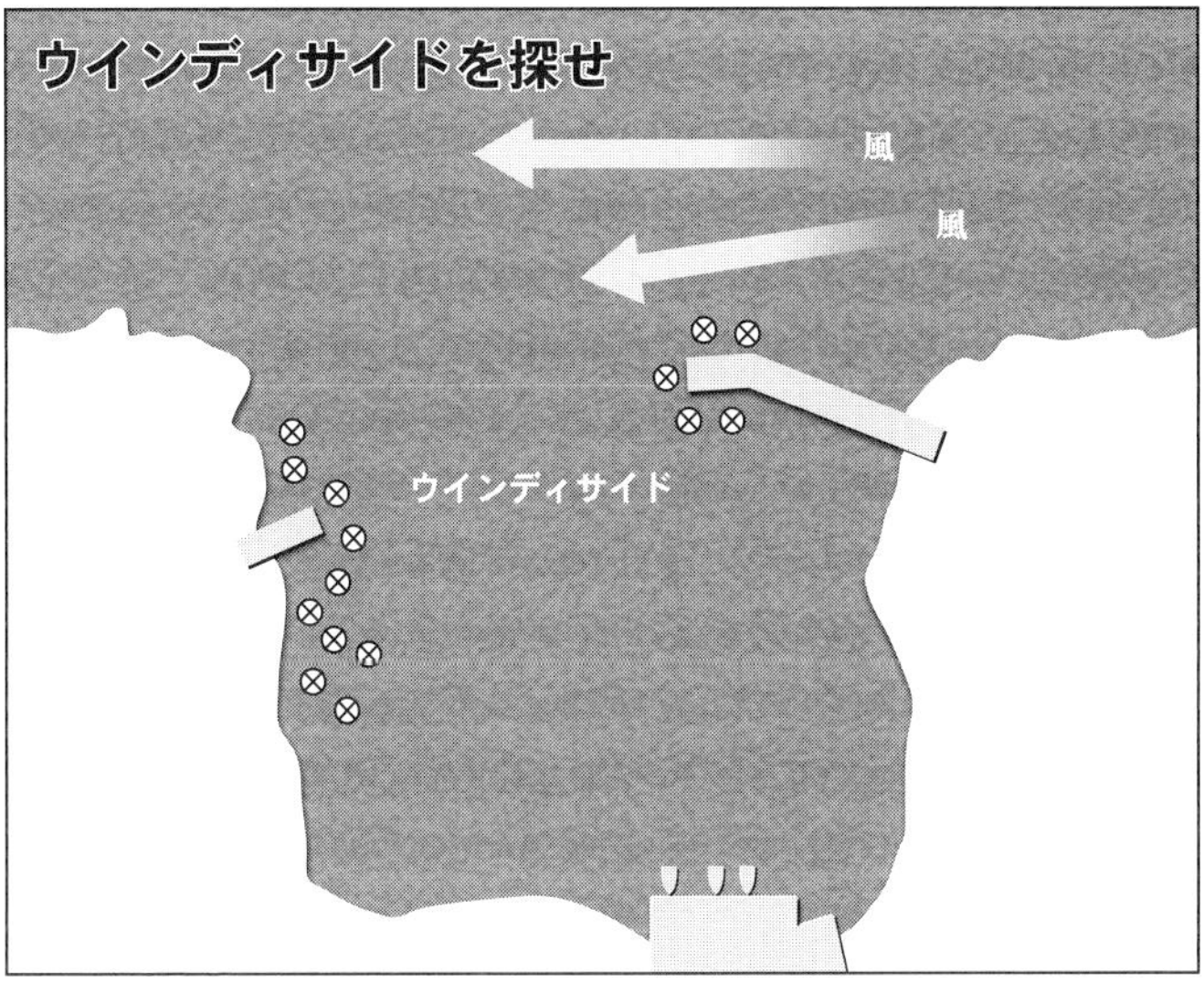

などでは風に押されて出来る離岸流もあります。エサはやはりそこへ溜まりやすい。

私が常夜灯周り以外のポイントを捜す時は、これらの要素、つまりエサの種類、潮流、干満、風向き、産卵時期ならまずは産卵エリア、産卵から回復すればその近くのエサ場、などすべてを組み合わせて想像し、絞り込んでいるのです。

メバルメインに書いてきましたが、アジも例外ではなく、メバルとの多少の性質の違いがあるとはいえ、付き場所はすべてエサによって左右されるといって過言ではないのです。事実、私の友人で闇サーフ専門のアジングをしている人物が

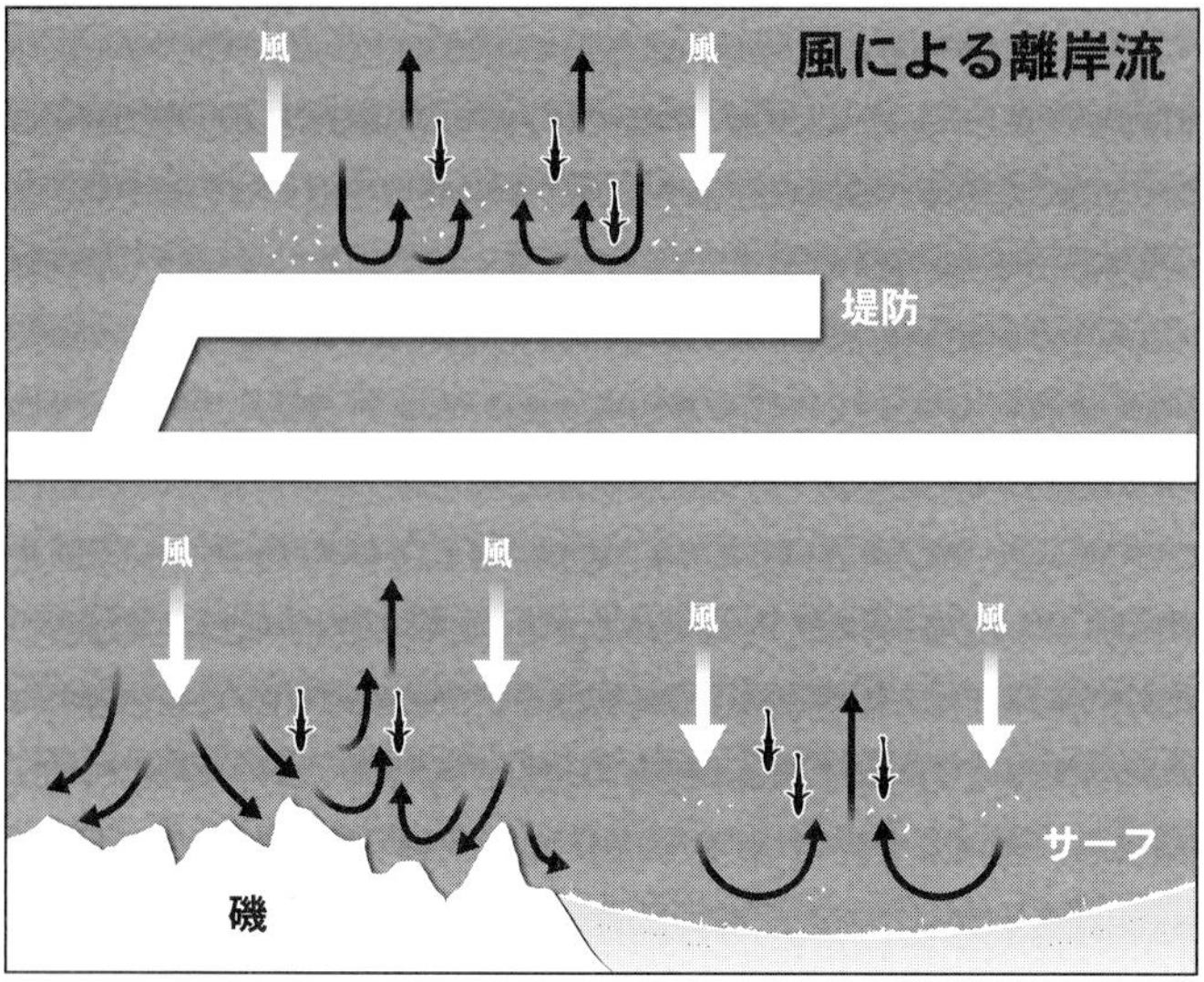

おり、彼はいつも35㎝を超えるようなデカアジばかりを釣ってきます。これもいくつかの要素を組み立てたポイント捜し戦略のたまものなのです。

四ノ扉

錯覚と苦手意識を持たないためのルアー考察

ワーム編①主な種別と特徴

海のルアーゲームでは概ねワームなどのソフトルアーが使いやすく、また有利な場面が多いのですが、一方でハードルアーに食ってくる魚種は淡水域のそれよりもはるかに多いといえます。それはわれわれのメインターゲットであるメバルやアジでも同様で、ハードルアーによる釣果がソフトルアーを上回る場面は普通にあります。したがってここではソフトルアーを皮切りに、釣りにくい、敷居が高いと思われがちなハードルアーの使い方などを解説します。

◆メバル・アジ用ワームの主な種別と特徴

・ピンテール

スクリューテールグラブやベビーサーディンに代表されるストレート系だが、ボディーから先に段差のついた細いテールを有し、テール部がナチュラルに動きやすい。基本的に小魚を模している弱波動系ワーム。

・ストレート

ミートネールが代表的で概ねまっすぐな形態だが、ほとんどの製品がテールに近くなるにしたがって細いシェイプになっている。したがって全体にしなやかにくねるアクションを出しやすい。また最近の製品には途中にスリットやくびれを付けたものもあり、アクションに一抹の変化をもたせ、吸い込みのよさも追及してある。多毛類系のイミテートをしやすい。これも弱波動系。

ピンテールワームのチョンチョンフォールにバイト

・シャッドテール

グラスミノーやテンプトベビーフィッシュに代表され、垂直の平たいテールを持つのが特徴。したがってテール部がプルプルと震え、ピンテールやストレートには出せない波動を発生する。見た目はエビっぽいが、テール部が発生させる波動は小魚に近いといえる強波動ワーム。

・カーリーテール

メバル・アジ用のワームコーナーで見ることは少ないが、これもワームの歴史の1ページを飾る、なくてはならない存在。比較的ファットなボディにリボン状のカールしたテールをもつ。シャッドテールと同じ波動系ワームだが、波長の長い独特の強い波動を出す。尾ビレの大きい小魚を演出。ガルプ!ジギンググラブなどが代表的。

ナイトのアミパターンでカブラが「大吉」

・クローワーム

ひとことでいえば甲殻類系ワーム。さまざまな形があるが、エビ系の形をしたものが主流。触角やハサミや足などもリアルに配され、それらの一つ一つが水の抵抗を受けて動くところが特徴的。泳ぎや波動で魚をひきつけるのではなく、パーツの動きで誘う代表選手。テンプトベビークラスタやガルプ！アライブ！クリケットなど。

・メバリングカブラ

これはワームともハードルアーともいえない伝統の土佐カブラを、私がフックサイズやティンセル部分をモディファイしてメバリングタックルで使いやすくしたもの。

特に晩秋から初春にかけてのデイゲームでは比類のないメバル釣果を叩き出してくれる。ナイトゲームでも闇磯などの特殊なアミパターンにも強く、私のメガキャッチの6割はこのルアー。単体では飛ばないので、専用のスプリットシンカーを使用する。専用

クローワームはイセエビの幼生（イラスト）にそっくり

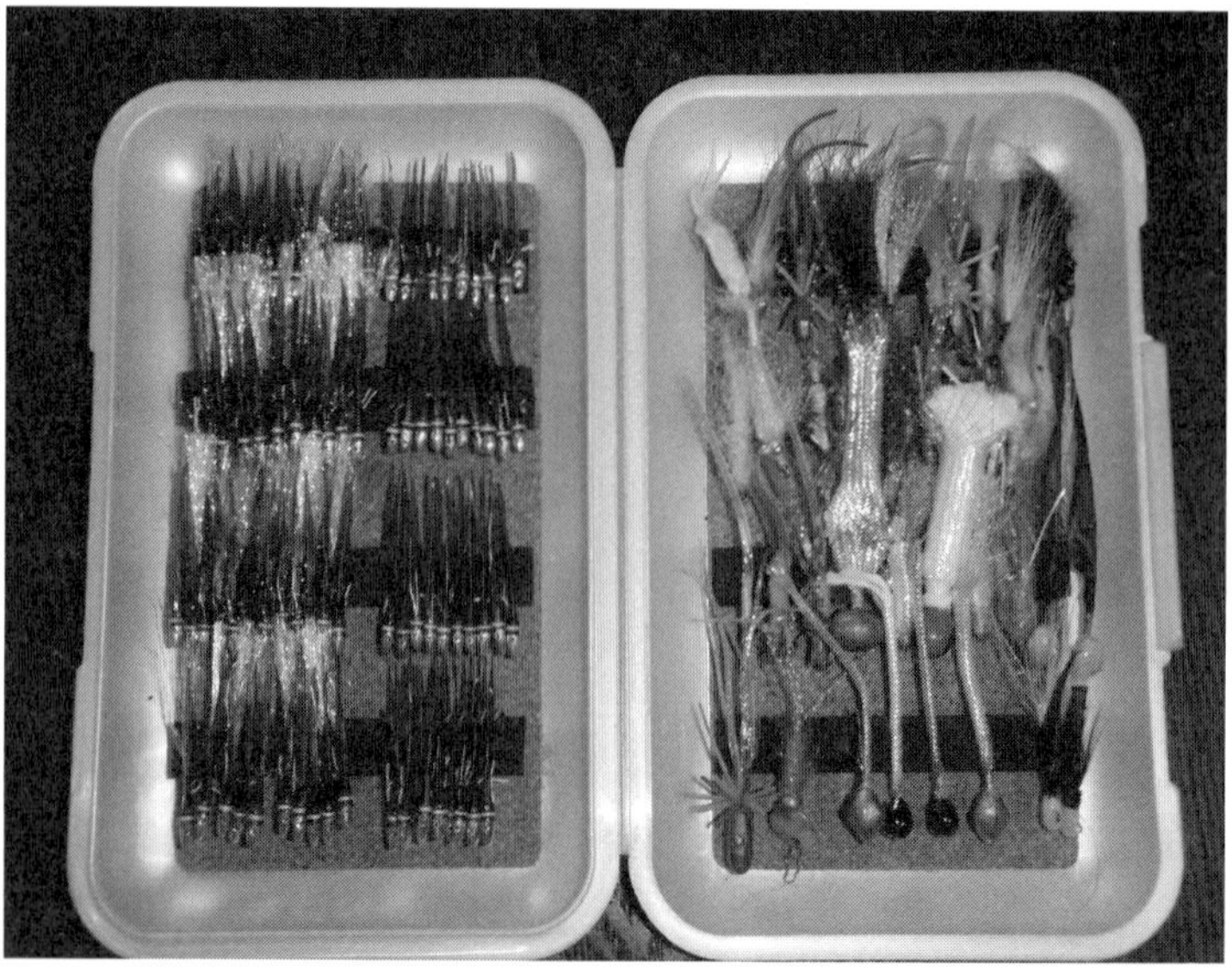

カブラ＆フライジグ

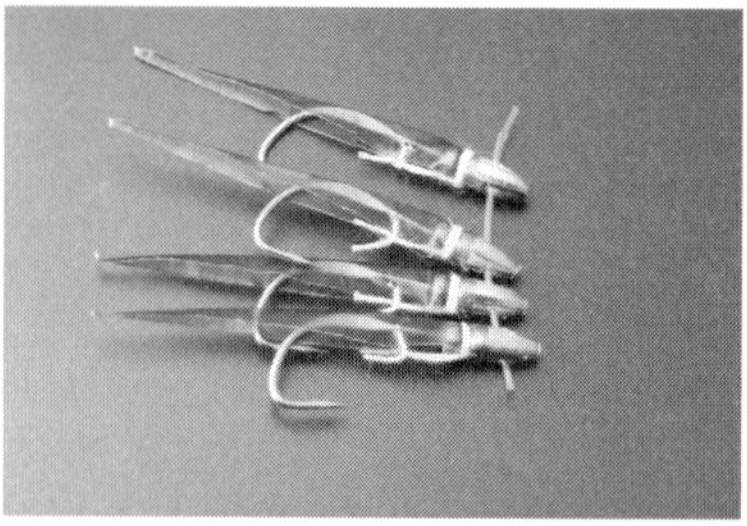

めばる ing かぶら

品はブリーデン・めばるｉｎｇかぶらのみ。

まだまだいろいろなタイプのワームがありますが、まずはこれらの特徴を生かした使い分けを考えねばなりません。それも漫然とその場でローテーションするのではなく、ポイントごとの季節のベイトをイメージし、明確にシチュエーションに合わせねば本当の使い分けは出来ないのです。

ワーム編②当たりルアーへの錯覚

ただし、メバルもアジも何を投げても食ってくることがあり、それがために使い分けの必要性が理解できないままでいる方をよく見かけます。

または自分のワームでは釣れないのに、同行者のワームにばかりヒットがあると今度はどのシチュエーションでもそのワームばかりを使い、また違う同行者が新発売のワームでヒットさせると今度はそちらに固執するという、無間地獄に陥りかねないのです。

実例を挙げます。

この原稿を書いている２０１１年2月中旬の出来事ですが、11人という大所帯でメバリングに行った時のことです。その時に１人だけが明らかにでかいサイズ（25㎝オーバー）を連発させ、他の10人は私も含め20㎝前後のレギュラーサイズのみ。原因を調べると、その1人だけが「シャッドテール」を使い、後の10人はピンテールやストレート系を使っていたのです。なぜかというと「ピンテールやストレートが一番釣れる」という思い込みです。で、大型を連発させたそのワームの銘柄は○○○○○でした。あえて伏字にしたのは、このもっとも多い勘違いを防ぐためです。品名を書いてしまうと、またそれだけが釣れると錯覚を起こしがちなのです。なにせ目の前でその1人だけが釣っているのですから（笑）。

こういう時に私はあえて違うものを使います。シャッドテールが釣れるのなら、同じ強波動のカーリーテールでも釣れないか?と。

結果はズバリです。同じように、いや、それ以上にビッグサイズが連発しました。問題は「波動」であって、弱波動のワームではスイッチが入らなかったということでしょう。

ここで前項のベイト考察を見直していただきたいのです。投入するワームの種類はあくまでその時のメインベイトをイメージして使います。たとえば、同じ小魚でもイカナゴとハゼでは泳ぐ時の体のクネリも発生するバイブレーションもぜんぜん違います。イカナゴの場合はクネクネ泳ぎますし、波動も小さめなのでストレート系のワームを引くと食ってきますが、ハゼは底性の強い魚ですし、体はあまりくねらず、尾ビレで出す波動もイカナゴより強いのです。

そしてさらに、前述のケースでは20㎝前後のメバルには5㎜～1㎝程度の小さい地アミが胃袋に入っており、25～30㎝のビッグサイズの胃袋には3～4㎝のアキアミ（サクラエビの一種）「だけ」が入っていました。いわゆる偏食です。なぜ強波動のシャッドが効いたのか定かではありませんが、同じポイントでありながら魚のサイズで食うエサが違って

大勢でワイワイできるのもライトゲームの楽しさだ

いるという象徴的なケースでもありました。

したがって、ここで明確に意識してほしいのはタイプ別の使い分けと、投入タイミングを身につけるのふたつです。

ベイトの種類を推理し、見合ったタイプのワームを投入すれば、かならず一段階上の釣果を果たすことができるのです。

ワーム編③ジグヘッドとの相性を考える

ワームについて述べてきましたが、実はＪＨ（ジグヘッド）との相性もとても大切です。近年のライトゲームにおいてはこのＪＨのタイプとシチュエーション別の使い分けを身につけることもかなり重要なプロット（枠組み）となってきました。

ではまずジグヘッドをタイプ別に見てみます。

・ラウンドヘッド

シンカー部分がほぼ球体になっているタイプで、水流を全方向へほぼ均等に受け流すのでステディリトリーブ向き。パニックアクションなどには不向きで、小魚が油断して平然と泳いでいる姿をイミテートするのに有利。私の場合はシャッドテールやカーリーテールグラブにセットすることが多い。

・アーキーヘッド

コブラ29やジグヘッドタケちゃんが代表的で、テンションフォール時の姿勢のよさや、フリーフォール時のスパイラルフォールが特徴。基本的にストレートやピンテールワームに合わせて使い、トゥイッチやジャークなどロッドアクションで揺らぎやイレギュラーアクションを演出して魚にスイッチを入れる。

・ダートヘッド

シーバス用として一世を風靡《ふうび》している、左右ダートのワインドアクションが出来るワインドリグの亜流です。私もアドバイスして生まれたJazz尺ヘッドDタイプや、マリアのビークヘッドが代表的。このタイプは激しい左右ダートのパニックアクションを演出できるのが特徴で、基本的にはママワーム・ダートスクイッドや、ガルプ！アライブ！ミノー1inなどのダートしやすい形状のワームと組み合わせる。

大まかに基本3タイプとセットするワームを列挙しましたが、がまかつキャロヘッドなどの縦扁平JHもあり、これらのJHの特徴を踏まえてさまざまな形のワームと合わせると、ベイトの項で説明した多種のベイトの動きを再現することが出来るのです。

たとえば数ある組み合わせの中でも私が最も多用するのは次のとおりです。

A．Jazz尺ヘッドD＋ガルプ！アライブ！ミノー1in

ウエイトは水深や潮流などのシチュエーションで使い分けますが、おおむね1.5〜3gを使い、特にデイゲームでリトリーブには反応しない魚に強めのワインドアクションをかけてアピールし、反射的に食わせます。イメージとしてはアイスジグのフィギュアエイトと同じで、藻と藻の間やストラクチャー際に隠れているメバルやアジを引っ張り出して釣りますが、やはりソフトルアーの特徴で、金属製のアイスジグより波動が軟らかめなのか、ハードルアーよりスレにくいです。

B．Jazz尺ヘッドD＋ガルプ！ジギンググラブ1・5in

これは2010年から始めた釣法で、主に底付近でやる「ブレーキングワインド」といってもよい釣り方で使います。通常のワインドが左右への激しいダートでリアクションバイトを誘うのに対し、こちらはPEラインとカーリーテールを組み合わせることでダートの初速とフォールスピードを殺し、ワインドダートで見せておいてゆっくりとしたカーブフォールの間で食わせるという、リアクションと食わせを融合させたメソッドです。今まで攻略できなかった流れの強いディープゾーンのボトムで有効であり、3～5gまでを使い、尺をねらって釣るのが難しい瀬戸内において多数のメガキャッチの実績が上がっています。

C．ジグヘッドタケちゃん＋ガルプ！アライブ！ミノー1in

オーソドックスなシチュエーションに強く、私の中で一番出番が多い組み合わせです。ショートシャンクのタケちゃんと、1inのミノーの組み合わせはメバルやアジが一番食べやすいシルエットといえ、流れに乗せて差し込んでやるだけでオートマティックに食ってくるリグです。ドリフトさせるだけでは食いが悪い時は、チョンチョンアクションを加えてステイで待つとスイッチが入ります。ワインドほどの強いダートが必要ない時は、この組み合わせでショートピッチのイレギュラーアクションを実践するわけです。

D．コブラ29＋テンプト・ベビーフィッシュ

リトリーブやカーブフォールで抜群の安定感があるコブラ29に、繊細で柔らかな素材で作られたシャッドテールとの組み合わせです。

主に止水帯でのステディなリトリーブで使います。平穏な感じで泳いでいる小魚を演出し、シャッドテールのプルプル音だけで魚を引き寄せるのが目的ですからジャークやトゥイッチはかけません。従来からの最もオーソドックスなワーミングといえるでしょう。

E．ジグヘッドタケちゃん＋ガルプ！アライブ！ミノーヘッドorガルプ！アライブ！クリケット

エビやカニなどがベイトになっていると想定される場所で多用します。

堤防へチでの落とし込みや砂利浜、あるいはカキ打ち場のカキ殻が堆積しているような場所。こういった場所では小さなエビやカニがベイトになっていることが多く、小型のクロー系ワームの出番となります。堤防際を転がり落ちるように演出したり、ゴロタ石の上

をチョンチョン、ズリズリと動かしますので、底部が平らで倒れにくく、フックポイントが上を向きやすいJHと合わせるわけです。この場合は2・3gと重めを使い、操作感を上げてやります。

F．キャロヘッド0・25〜0・4g＋ガルプ！アライブ！ミノー1in

超極軽リグで特殊感があるかもしれませんが、私はかなりの頻度で多用します。ウルトラフィネスと呼んでいますが、これこそがライトゲームの中でも最もエサ釣りに近い釣法かもしれません。渓流や、港湾部での「ノベザオの釣り」に精通した方ならほとんど違和感はないと思います。カミツブシオモリひとつと、ハリにイクラやゴカイの代わりにワームを刺しているような感じですから（笑）。

そして実は、状況が許せば（極軽リグがポイントへと届けば）海においても最強のリグといえると思います。この場合、合わせるラインはフロロカーボンラインのみです。素材の比重が小さいPEでは極軽リグは上手く沈んでくれません。フロロの比重の大きさを利用し、軽いリグを海中にナチュラルに差し込んで違和感なくくわえさせることが出来るわけです。

メバルやアジをハードルアーで釣る①

プラグ編

ライトゲームにおいてはハードルアーもまた欠くことの出来ないツールです。

プラスティックで出来たプラグや、金属で出来たメタルジグなどで釣ることに特有の「楽しさ」は当然なのですが、楽しいだけではなく、ともすればワームなどのソフトルアーをはるかに凌ぐ釣果もまたハードルアーならではのものなのです。

時には20ｇのメタルジグを１００ｍ以上キャストしたり、水面上に浮かべて流すだけのペンシルなど、基本的にワームの釣りでは不可能なことも可能にするのがハードルアーの釣りなのです。

たとえば秋に河口部やサーフにカタクチイワシが接岸し、それを大型のマルアジやマアジが追尾している時などは１００ｍ以上の沖合でナブラが立つことになり、飛距離においてメタルジグやスピンテールジグなどの金属系ルアーの独壇場になります。

またたとえば、アミが大量に発生して水面直下を流れていたり、小イカが常夜灯の周りの水面に集まって浮いていたりとベイトが完全に「水面系」の時などは、フローティング

9cm のロングミノーでメバルヒット

ペンシルやシャロークランクなどの独壇場になってしまいます。

エサオンリーのアングラーや、ワームオンリーのアングラーがプラッガーにコテンパンにされる時は往々にしてこういう場面なのです。

まずはハードルアーの主な種別と特徴を解説します。

この類は種別、特徴別にカテゴライズ及びネーミングされていますし、種別ごとに基本的な使い方がありますのでまずは種別の特徴を覚えましょう。

◆プラグ（プラスティック製・木製など）

・ミノー

小魚を模していて細めのシェイプ。渓流

女性は可愛いプラグが好き

用はほとんどこのタイプ。フローティングとシンキングがあり、お行儀よくキビキビ泳ぐものが多い。アクションはロールタイプとウォブルタイプと、双方を併せ持つウォブルロールタイプの3種があるが、基本的にはただ巻きで使い、時折トゥイッチを入れてやると効果的。バスデイのシュガーミノーや、ジャクソンのアスリートなどが代表的。

・シャッド

体高のある、少し平たい小魚を模したシェイプ。側面のフラッシングや、ジャークさせるとイレギュラーな平打ちをするのが特徴。サスペンドタイプが主流で、強めのジャークからのステイや、連続トゥイッチなど、パニックアクションで釣ると効果的。

スミスのジェイドや、シンキングではラパラCDシリーズが代表的。

・クランク

短めでファットな、小フグのようなシェイプ。フローティングタイプが主流で、巻くとプリプリとお尻を大きく振るのが特徴。このタイプはよく動くので、メバルやアジは巻きの途中でヒットすることは少なく、ブリブリと波動や引き波で寄せておいてロングステイで食わせに持ち込むのが吉。潜り過ぎるものよりもシャロータイプのほうが主流となっている。リッジ35Fなどが代表的。

・ペンシル及びポッパー（トップウォーター）

完全なる水面系プラグ。ペンシルは名のとおりリップもなくてつるんとした棒状のシェイプで、おおむねロッドをあおりながら左右にドッグウォークさせて止めて食わせる。ポッパーはペンシル的な使い方もできるが、正面がカップ状に窪んでおり、瞬間的なジャークを入れるとポコンというポップ音と同時にスプラッシュ（飛沫）を上げて肉食魚の捕食音を演出出来るようになっている。使い方はどちらもアクションの後のロングポーズで、ターゲットがルアーを水中へ引き込むまで待って釣る。一見遊びの釣りの要素が大きそうだが、メバルなどが水面だけ意識している時には大きな武器になる。スミスのメバペンやレーベルのポップRなどが代表的。

・シンキングペンシル

通称「シンペン」と呼ばれ、メバリング、アジングにおいて最も多く輩出されているプラグで、文字どおりペンシルのシンキングバージョン。リップがないので水中で水の抵抗をボディーに受けてくねるように泳ぎ、止めるとほぼ平行にフォールしていくのが特徴。水面直下からボトムまで広く探れ、ソルトゲームにおいて多くのシチュエーションで実績の高いルアーである。使い方はただ巻きでも釣れるが、ラインテンションを掛けたままフォールさせ、時折軽いトゥイッチを入れてフォールを繰り返すと面白い。ヤマリアのブルースコードやダイワのレイジーなどが代表的。

ミニマル

また、シンペンとは少し違うが、似たタイプのプラグに私がプロデュースした「エギ型プラグ・ブリーデンミニマル50」がある。小型エギにフックが付いている仕様で、ボディーに高浮力の硬質発泡ウレタンを採用し、シンカーは他のプラグと違って内蔵型ではなくあごの先端にアウトシンカーとして配してある。
このプラグはいずれのプラグとも違い、ボトムへ落としたらシンカーを下にしてお尻が上がった形の「底立ち」をするのが特徴。プラグでは珍しい甲殻類パターンにも対応できる変わり種だ。フリーフォールでほぼ逆さになり、テンションフォールでは水平姿勢を保つ。ただ巻きでも釣れるが、基本は特徴をとらえて任意に操作する必要があり、ラインテンションの出し入れで微妙なアクションを出したり、激しくジャークさせてドッグウォークさせて使うのも面白い。

以上、おおまかな種別と特徴を書きましたが、プラグ類はワームと違って「使いどころ」が非常に大事です。特徴をよく捉え、明るいうちに泳がせてみて動きやフォールスピードや姿勢など、ひとつひとつのイメージをしっかり体に叩き込む必要があります。うまく的中させればワームよりもオートマティックに釣れる場面もふんだんにあり、シチュエーションに応じてどのプラグを当て込んでいくか、パズルゲームのような楽しさもプラッギングの魅力です。

メバルやアジをハードルアーで釣る②
メタルルアー編

前項からつづいて、今度は金属系素材のルアーについてです。

・メタルジグ

メタルルアーの代表選手で、細いものから幅の広いものまで多種あり、スプーンのようにただ巻きで動くものからジャークさせないと動かないものや、フォールでひらひらと魚を引きつけるものもある。何より魅力的なのはその飛距離と、ディープゾーンを楽に攻めることができるのが特徴。使い方はいろいろあるが、メバルやアジの場合はいったんボトムへ落とし、ハンドルを巻きながらチョンチョンとシャクり、カーブフォールで食わせるというのがスタンダード。Ｊａｚｚの爆釣ＪＩＧやダイワの月下美人プリズナーが代表的。

・メタルバイブ

いわゆる「鉄板系」で、魚の形に切り取った鉄板の下部にウエイトを配したもの。巻いたり引いたりすると激しくブルブルと震動するのが特徴で、ルアーの中でもトップクラスのアピール力がある。そして動と静の明確なコントラストが魅力だ。要するに巻いている

メタルバイブでアジゲット

時には激しく振動して魚を刺激するが、止めてテンションフォールをかけると全くウォブリングもローリングもせずに無音でスーッとボトムへ向かい、フリーフォールではフラフラと沈んでいく。

メバルやアジには基本的にボトム付近でのリフトアンドフォールが有効で、リフトの後はテンションフォールのほうがよりよいようだ。フォール後のロングポーズも効果的。ブリーデン・Ｂｅｅバイブ、Ｊａｚｚ・暴君、タックルハウス・ふるえる刑事《でか》などが代表的。

・スピンテールジグ

渓流で使うスピナーやバスで使うスピナーベイトの変化系で、くるくると回転するブレードのフラッシングと波動で魚にスイッチを入れるタイプの金属ルアー。釣り方は単純に巻くだけであり、スピードに変化を付ける程度。現状ではアジ、メバルの専用品は少なく、できるだけ小型のものをフック交換・ブレード交換などしてチューニングして使う。私自身も現在アジ・メバル専用品をテスト中で、２０１１年後半にリリース予定。

以上、ライトゲームで使用するハードルアーの代表的なものを紹介してきましたが、これらのルアーも基本的にひとつひとつが個性を持ち、使い方も違っていることを少し理解して頂けたでしょう。そしてフィールドでは実際にこれらのタイプの違うもののいずれかが極端にマッチするケースがあり、そういったケースではたった1種のハードルアーのみにヒットが集中し、まさに独壇場といえる状況すらあり得ます。

その状況は概ね「ベイト」に起因するものです。次に、潮流や風や水深やストラクチャーによって魚のポジション（レンジやコースなど）が大きく左右されたり決定されたりするので、我々釣り人はまず「そこ」へ投入できる（到達できる）ルアーをチョイスしなければなりませんし、次には「食う動きをするルアー」を当てはめなければならないのです。

メバルやアジは基本的にはプランクトンイーターであり、時としてフィッシュイーターに変貌し、またある時には甲殻類や貝類にまで食指を伸ばす雑食性も持ち合わせます。だ

遠投ジギングでのアジ

からこそ多種多様なルアーが必要となり、ライトゲームの幅も広がってゲーム性も高くなり、今や釣りジャンルの上位に連なるほど多くのファンを擁することにつながっているのです。

伍ノ扉

リアル中級者への階段

巻かない釣りをマスターする

さて、いよいよ実践編ですが、ここでもう一度ステップアップのためのテーマへ立ち返ってみましょう。

「ルアーフィッシング概念からの脱却」であり、「ルアーを活きエサだと思え！」です。

この理論の根底にはベイトの種類とその性質、大きさがあることを述べてきましたが、実践編で私がもっとも声を大にして言いたいのは「巻かない釣りを極める」なのです。

たしかにメバリングの黎明《れいめい》期から初期の時代には「投げて巻くだけ」で釣れましたし、「メバリングはスローリトリーブ」ということが合い言葉のように言い継がれてきました。

この理論は決して間違いではないのですが、それに固執する多くのアングラーが一定の釣果以上を果たすことができなくなっているのが現実ではないでしょうか。

そして一方で、現代において人並み以上の釣果やビッグサイズキャッチを果たしているアングラーに共通しているのは、巻かない釣りを実践しているのもまた現実なのです。

もちろん実際にはプラスティックや金属のルアーも操るわけですから、ジャークやトゥイッチなどのアクションも用いますが、この「巻かない釣り」をマスターすることで「巻く釣り」のクオリティまでもが飛躍的にアップするのです。
では、そのテーマを基本にして実戦の釣りを解説していきます。
メバルにはメバルの、アジにはアジの、攻略の順番に一通りのルーティン（手順）を持って望んだほうが「巻かない釣り」の実践がより確かなものになります。

巻かない釣りが炸裂した日

たとえばメバルの場合はまずは一般的な巻きの釣りから始めます。

1・5g程度のジグヘッド、もしくはプラグ好きな方は5㎝程度のミノーを結び、水面直下（50㎝〜1ｍ）のレンジをリトリーブで通します。

それで仮に釣れたとしても3〜5尾程度で止め、次はジグヘッドならあえて巻かずにカーブフォールでゆっくり沈め、ラインテンションが抜けないようにロッドでわずかにサビいてアタリを取りにいきます。プラグの場合はサスペンドかスローシンキングの物に結び替え、ポンプ

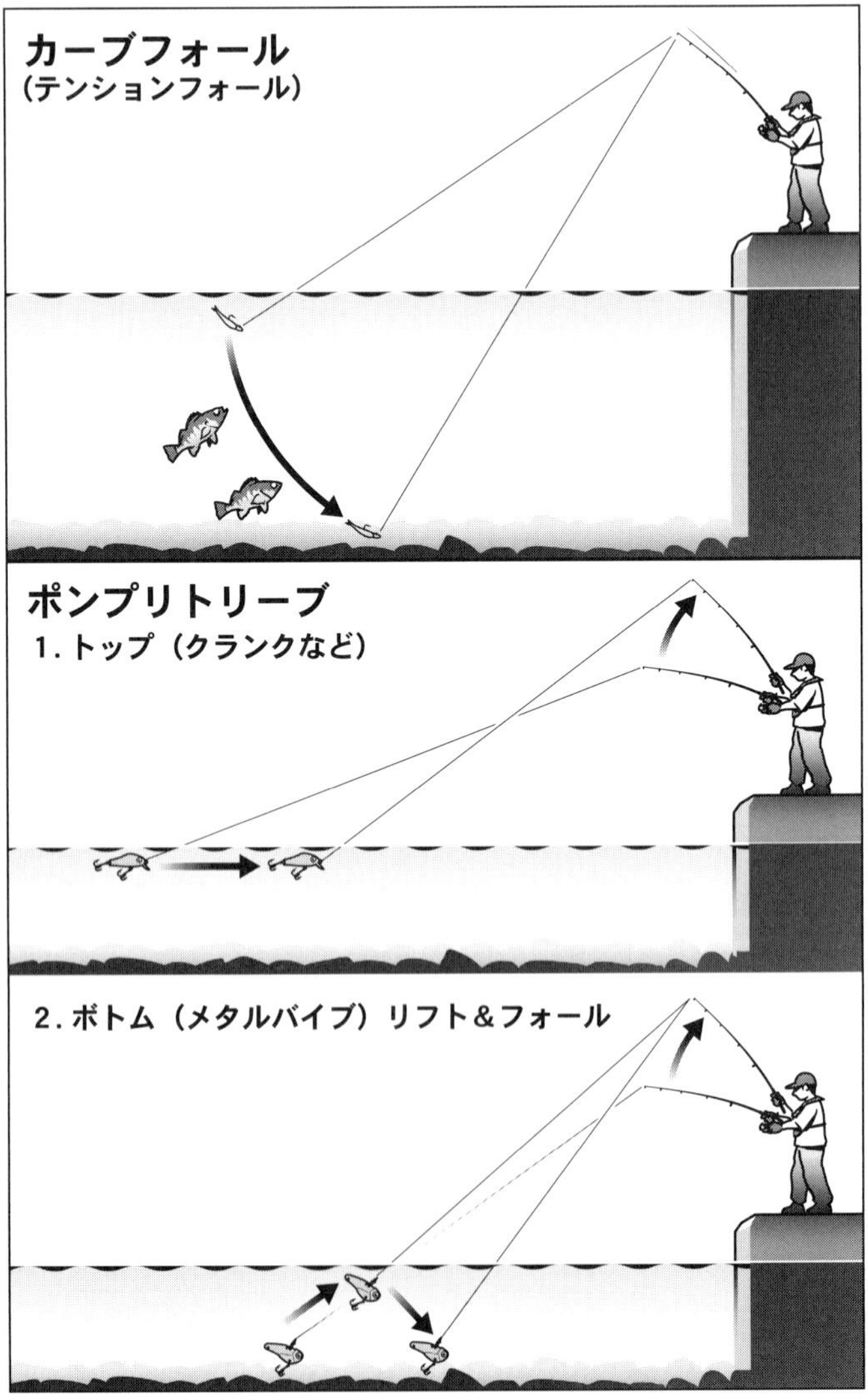
カーブフォール
(テンションフォール)
ポンプリトリーブ
1. トップ（クランクなど）
2. ボトム（メタルバイブ）リフト＆フォール

リトリーブやトゥイッチでアクションをかけて止めて待ちます。

まずはこれで巻かない釣りで釣れることを体験し、巻かない釣りへの信頼度を自分の中で高めることが最も重要です。

たとえばアジの場合も同じく巻きの釣りで始めますが、アジは基本的にワームでの釣りが主体となりますので、まずはジグヘッド1・5g程度をボトムまで沈め、ゆっくりと巻き上げながら誘ってみます。

それで釣れてもやはり数尾程度で止め、今度はぎりぎりボトムが取れる重さのジグヘッド（0・5～1・0g）に結び替え、ボトムへ到達したらロッドワークだけでふわっと持ち上げてゆっくりサビくようにし、止めて待ちます。

たったこれだけを二～三度の釣行でやればひとつの現実が見えてきます。

それは、巻かないほうが（ゆっくりサオでサビく程度のほうが）よく釣れるという事実です。

巻かない釣りは淡水の管理釣り場でも威力を発揮、ビッグサイズを連発

もちろん相手は生き物ですから、魚の活性やフィールド状況で例外はいつでもあるわけですが、基本的にメバリングやアジングにおける平均的なポイントでは明らかに結果が出るはずです。

要するに、これが本来のメバル釣り、アジ釣りの王道であり、ルアーフィッシングにおいても一番釣りやすいメソッドなのです。

ここでもう一度メバルやアジのエサ釣りを思い出してください。イメージしてみてくださ い。エビや虫エサを付けて投げ、リールを巻いて釣ることってまずありませんよね？やっているのは時折ロッドで誘いをかけ、それで出来たラインスラックを回収したり、魚が掛かって寄せる時にリールを巻くだけ。あとはほとんどロッドワークで釣っています。

結局これらはやはりベイトに起因するわけで、メバルやアジが食っているベイトは最大公約数的に「移動が遅いエサ、足が遅いエサ」を常食しているほうが圧倒的に多いからなのです。

我々が最も注目しなければならないのはこの点であり、メバルやアジは純粋なフィッシュイーターではないということを再認識し、そのうえで擬似餌であるルアーを操らねばならないのです。

巻かない釣りの要諦とは

巻かない釣りにも大きく分けて2種類あります。

ひとつはロッドでアクションを付けて、その後止めて待つという方法。

もうひとつは潮流に乗せて流すだけの、いわゆるドリフト釣法。

特に後者は渓流エサ釣りにおいてスタンダードな釣法であり、ゼロ釣法もその中のひとつです。そしてこの「ナチュラルに流すだけ」という釣り方は、メバルやアジ釣りにおいても特に有効な方法であり、彼らが流れの中でプランクトンなどの流下ベイトを待ち受けて食べている証明でもあるのです。

基本的に止水域での巻かない釣りは魚の付き場所をピンで読み、目の前にリグを送り込んでロッドワークだけでアクションをかけて止めて待ちます。もちろん見えないわけですが、こういうイメージを持つことが大切です。

そして付き場がピンで読めない場合は巻いて探ることになりますが、この巻くという行為は「ルアーを魚の目の前にもっていく」のが目的です。探るわけです。けっして巻くことによって「追わせて釣る」のではなく、巻くのは単なる移動手段だと思ってください。

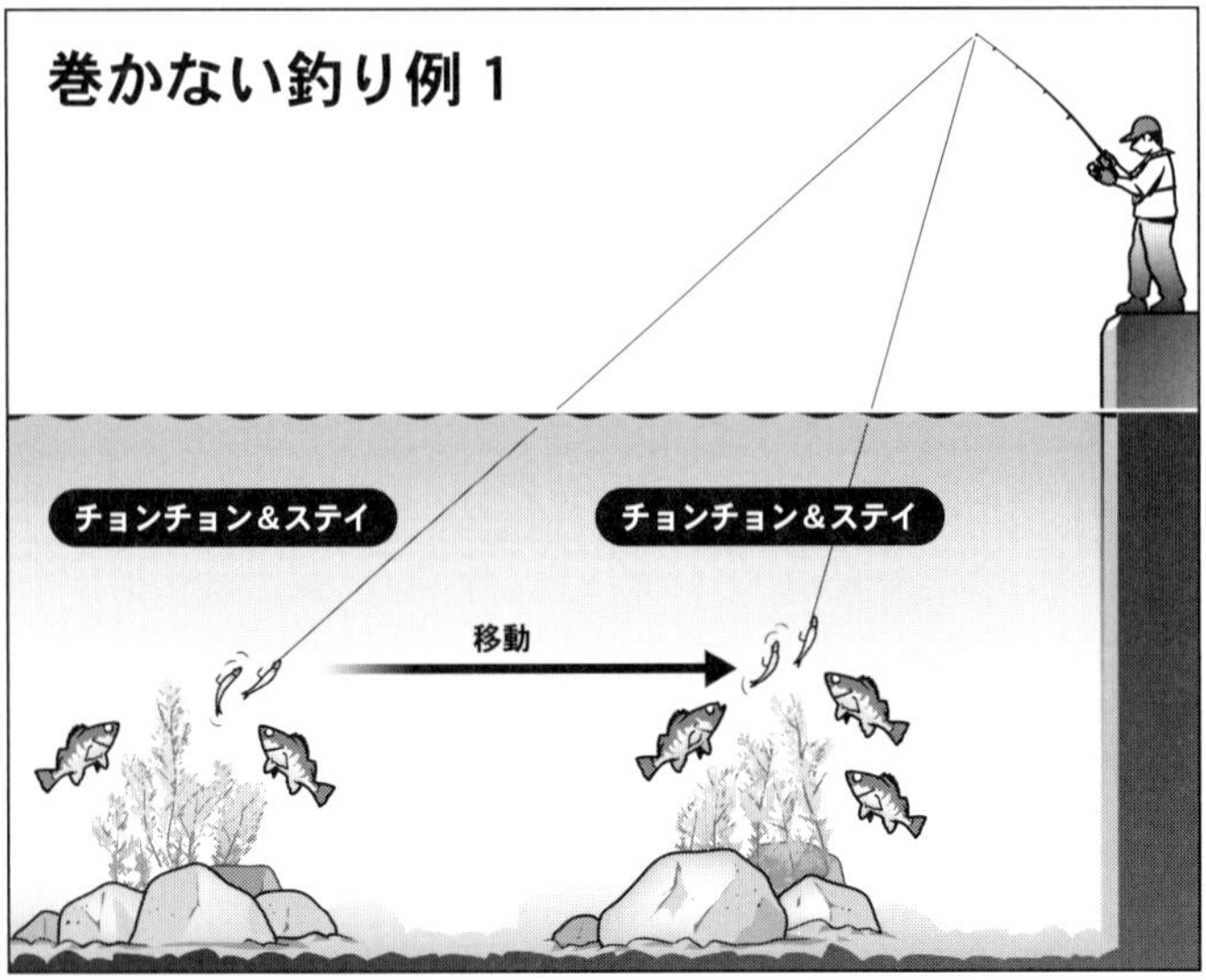

仮に巻きの途中で食ってきても、それは移動中に魚の近くをルアーが通ったからと推測し、ソコこそが「ピンのポイント」と理解するほうが巻かない釣りを身につける早道なのです。

一方、流れのあるポイントではまずアップ気味にリグを打ち込み、テンションを張らず緩めずで、ナチュラルに流していきます。もちろん表層付近を流すこともあればボトム付近を流すこともありますが、徐々に下流に向かって流れるリグに集中し、体の正面よりダウンのゾーンに入った頃に「食わせる」というイメージで探ります。この場合はリールを巻いて探るのではなく、流れを利用して居場所へリグを持っていくというイメージが

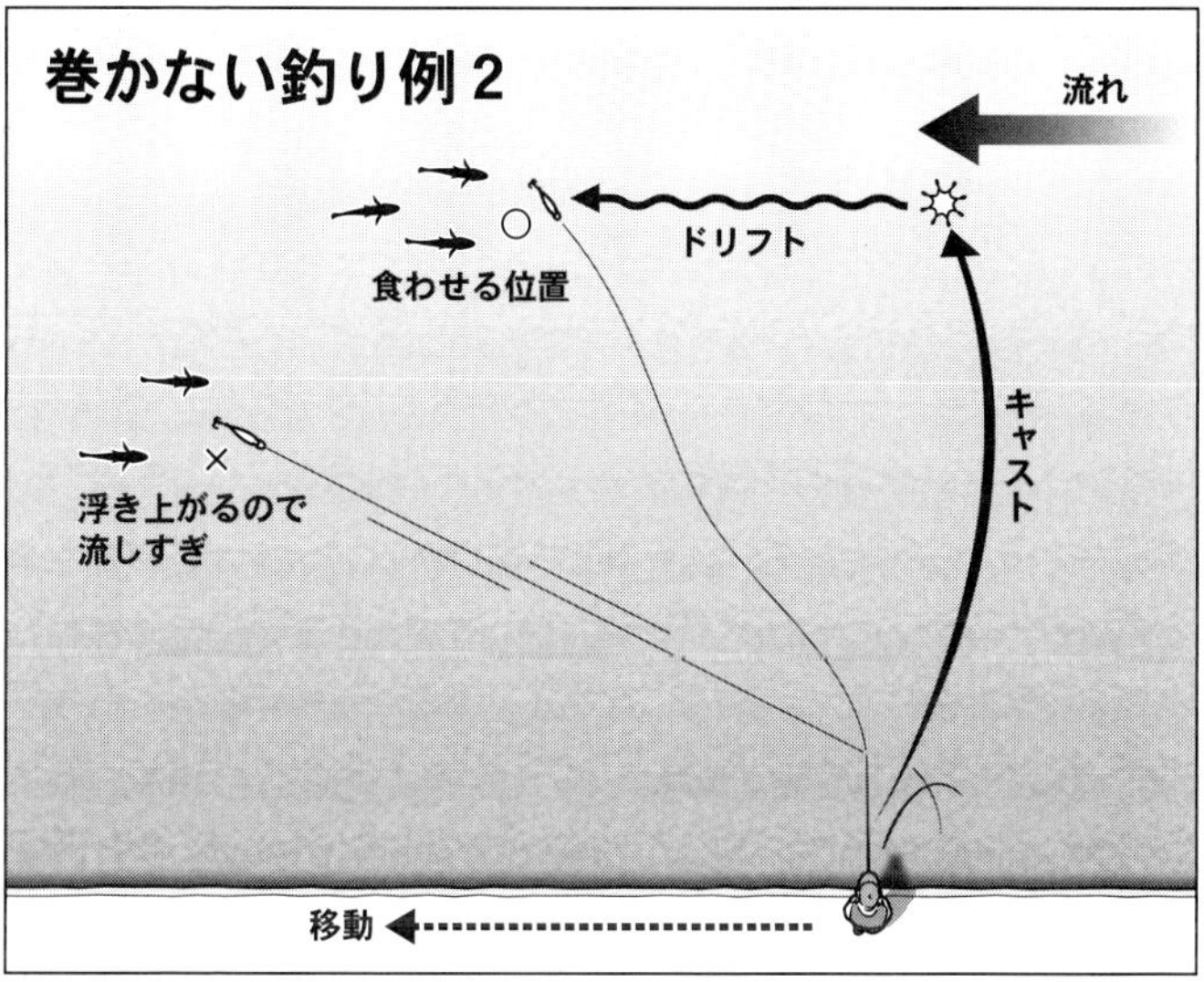

大切です。

さらに、この「流す釣り」に重要なのは、リグがダウンに入りすぎてラインテンションが掛かり、浮き上がるようになれば、それは流しすぎであり、打ち返すタイミングです。このへんも渓流エサ釣りと何ら変わりはないのです。そしてそのコースで食わなければ、立ち位置を上流側か下流側へ移動し、食わせのポイントをずらすことが重要となります。

さて、何かに気がついたでしょうか？そうです。どちらの釣り方も結局「食わせの位置はピン」なのです。「物に着いている」か「流れに着いている」かの違いだけなのです。

ここでまたもやメバルの本来の性質、

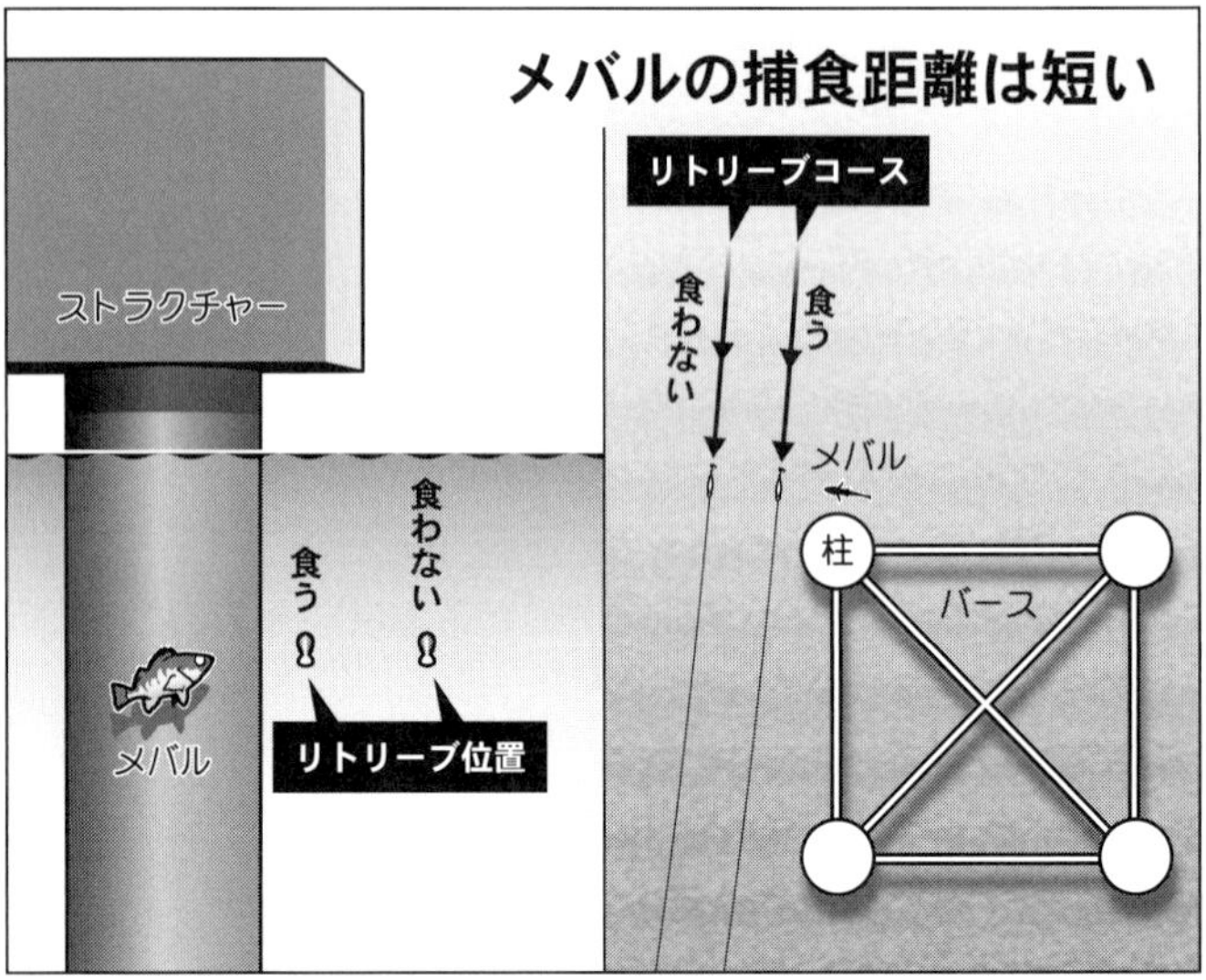

食性を振り返ってみます。

　私はメバルを昼間のドピーカンでも釣りますし、強力な常夜灯が昼のように煌々《こうこう》と輝いているタンカーバースなどでも釣りますし、闇磯で釣ることもあります。そして釣りではありませんが、以前はスキューバでメバルの群れを追いかけて観察したこともあります。

　これらの経験を通じて知ったことは「メバルの捕食距離は短い」でした。長くてもせいぜい1m程度なのです。デイゲームなどで観察すれば一目瞭然です。藻際にいるヤツは50cm以内を通さないと食ってきません。流れの中でサスペンドしているヤツも頭上にエサが流れてきた時だけ反応しますし、後方へ流れ去るエサを長く追っているのを見たことがありません。磯のシモリやテトラの陰に隠れている大型などはもっと繊細で、自分の体長と同じ距離にエサが近づかない限り反応しないとさえ思えます。

これがメバルの概ねの捕食行動ですし、青もののように数ｍも数十ｍもエサを追いかけて食うということはほとんどない魚種だといえます。したがって、性質から類推すれば、「巻いたから釣れた」というのは、例外を除いて、ほとんどの場合は「エサが目の前に来たから食った」と考えたほうがはるかに合理的なのです。

巻かないメソッド実例

巻かないといっても、ラインスラックの始末や、食わない場面でリグを少しずらす時は当然リールを巻きますし、ダートさせたりしてアピールを掛ける時にはそのぶんリーリングはします。

また、魚の状況によっては（メバルの場合は少なく、主にアジの活性が高い時など）、後述するルアーのいずれでも巻きの釣りをする場面はあります。それを踏まえた上で私が普段やっているメソッドをいくつか紹介いたします。

・ハードルアーでの巻かない釣り

A．ペンシル&ポッパー

ペンシルは着水後2、3回チョンチョンとトゥイッチを入れて首を振らせ、潮まかせ、風まかせで流すを繰り返し、水面を漂うプランクトンや仔イカを演出する（概ね10～20カウントのロングポーズ）。

ポッパーは着水後軽くトゥイッチを入れてポコンとポップ音を立ててロングポーズさせ

メタルバイブに反応した大カサゴ

る。もしくは、ショートジャークを2~3回ジャッジャッと入れてスプラッシュ（飛沫）を出し、ポーズさせる（概ね5~10カウント）。

B．シンキングペンシル

　キャスト後、任意のレンジまで沈め、トゥイッチを3~4回かけて浮き上がらせ、その後テンションをかけたままフォールさせる（概ね5~10カウント）。

C．シャッド（サスペンド）

　着水後、まずはリーリングで泳がせながらルアーなりの深度まで潜らせ、二~三度トゥイッチをかけてロングポーズ（概ね3~6カウント）。その後はラインスラックを回収する

ワインド系ジグヘッドで

必要が出るまでロッドワークだけでトゥイッチ&ポーズを繰り返す。

D．シャロークランク（フローティング）

着水後、ロッドだけで短く鋭くブルブルブルと引き、ポーズ（概ね5～10カウント）。その後はスラックを回収し、手元まで同じ動作を繰り返す。

E．メタルジグ

ボトムまで沈め、チョンチョンと軽く跳ね上げ、テンションフォールで再着底を待つ。着底を感じたらまた動作を繰り返す。アクションはロッドだけで行ない、リールハンドルを巻くのはラインスラックの回収時

エビパターン時のブレーキングワインドのセッティング

表層からボトムまで、プラグ各種

のみ。

F．メタルバイブ

　ボトムまで沈め、一動作でブルブルブルとリフトし、その後テンションフォールで再着底を待ち、ラインテンションを保持したままロングポーズ（概ね5～10カウント）。あるいはワンピッチでふわっふわっふわっとロッドを柔らかく上下させながらスイミングさせた後テンションフォール&ポーズ。

・ジグヘッド等の巻かないワーミング

A．ドリフト

　流速に合わせたウエイトのJHチ

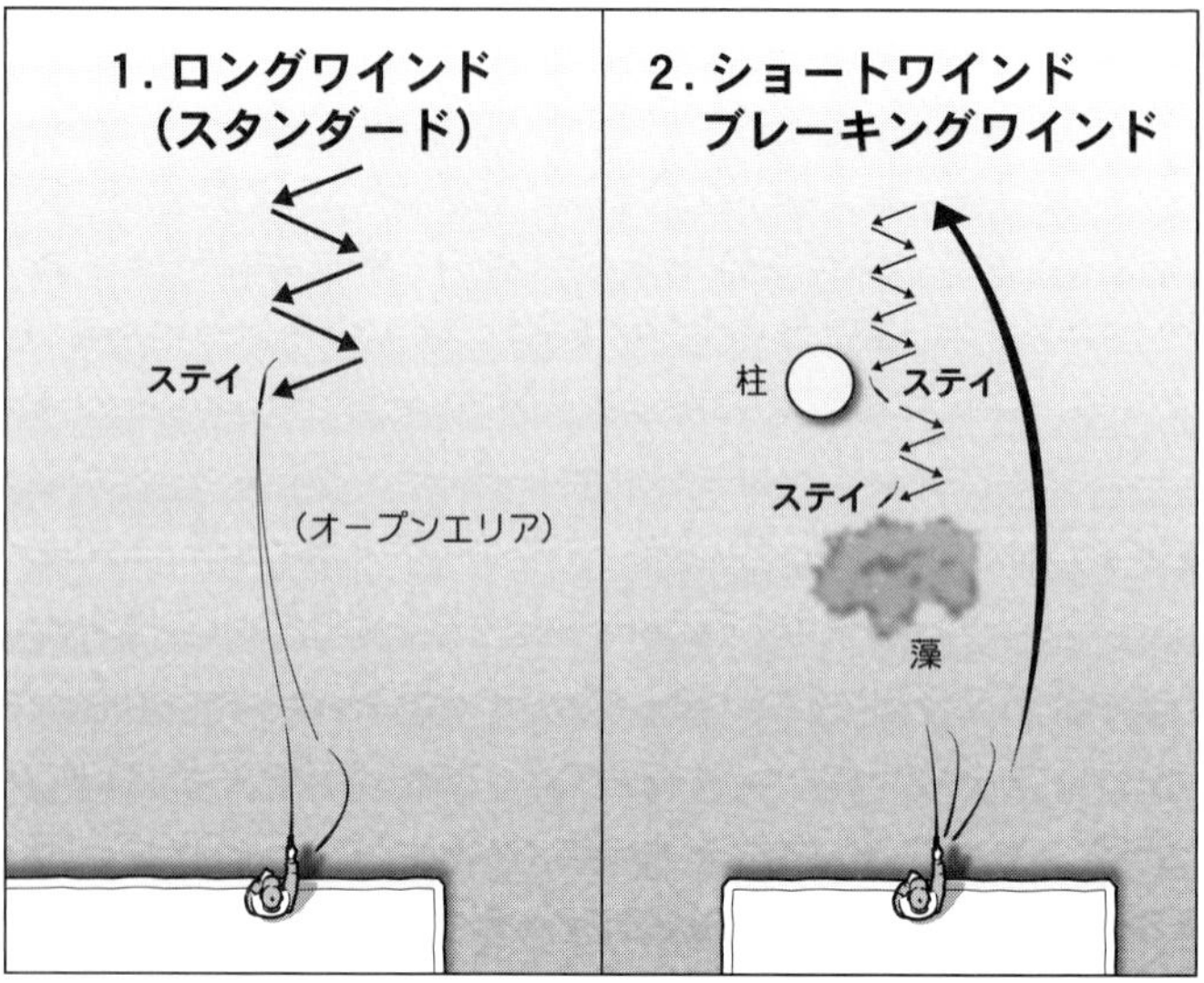

ヨイスが必要だが、魚が表層付近であれば概ね0・2〜0・5gをキャストしてロッドでラインテンションを保持したまま流し、必要に応じてロッドをサビくようにしてワームをコントロールする。日中の流れの中で表層を意識している時に特に有効。

夜間などで魚がボトム付近にいる時には、まずフリーフォールでボトムを取り、チョンとワンアクションかけた後ロッドでテンションを保持してボトムスレスレを流す。

B．テンションフォール

魚が溜まっているゾーンを見つけた場合に多用。キャスト後、すぐにベールを返してラインテンションを保持したまま沈め、時折チョンと軽くトゥイッチをかけてまた沈める。潮や風でテンションが大きく抜けた時以外は、ロッドでテンションを保持し常にヒットに備える。

C．ワインディング&ジャーキング

Ｊａｚｚ尺ヘッドＤタイプなどのダートジグヘッドに、ガルプ！アライブ！ミノー１inなどジャークでヒラを打つタイプのワームを使い、小魚などのパニックアクションを演出して低活性時や、見切られやすいデイゲームで多用する。

①ロングワインド（ドッグウォーク）

Ｊａｚｚ尺ヘッドＤにママワーム・ダートスクイッドなどのワインド専用形状を合わせ、ゆったりめのワンピッチジャークを連続で行ない、ダート幅の大きいワインドでフィーディングモードのやる気のある魚にアピールする。食わせるのはジャークの谷間の一瞬のステイで、止めるのは１〜２秒程度のスピーディーな釣り。「ただ巻きではない」という意味で紹介。

②ショートワインド（チョンチョンジャーク）

比較的ダート幅の小さいジグヘッドタケちゃん（１・２〜１・８ｇ）などを使用。１〜１・５インチの小さめのピンテールやストレートワームを組み合わせ、藻際や捨石際に隠れている魚の近くで、ロッドワークだけでチョンチョンと短めのジャークでワームを左右

に躍らせてスイッチを入れる。また、Aのドリフトと併用して釣ると大きな成果が得られることが多い。

③ブレーキングワインド

ロングワインド（①）とアクションなどは一緒だが、この場合はあえてガルプ！ジギンググラブ（カーリーテール）など、ジャークの慣性を殺すタイプのワームを使用する。初速は鋭く動くがテールに当たる水圧でジャーク幅は短く押さえられ、一気に失速することを利用する釣り方。

ロングワインドがオープンに幅広く魚がいる場合に有効なのに対し、ブレーキングワインドは磯のシモリ際や港湾部の橋脚、あるいはボトムのブレイ

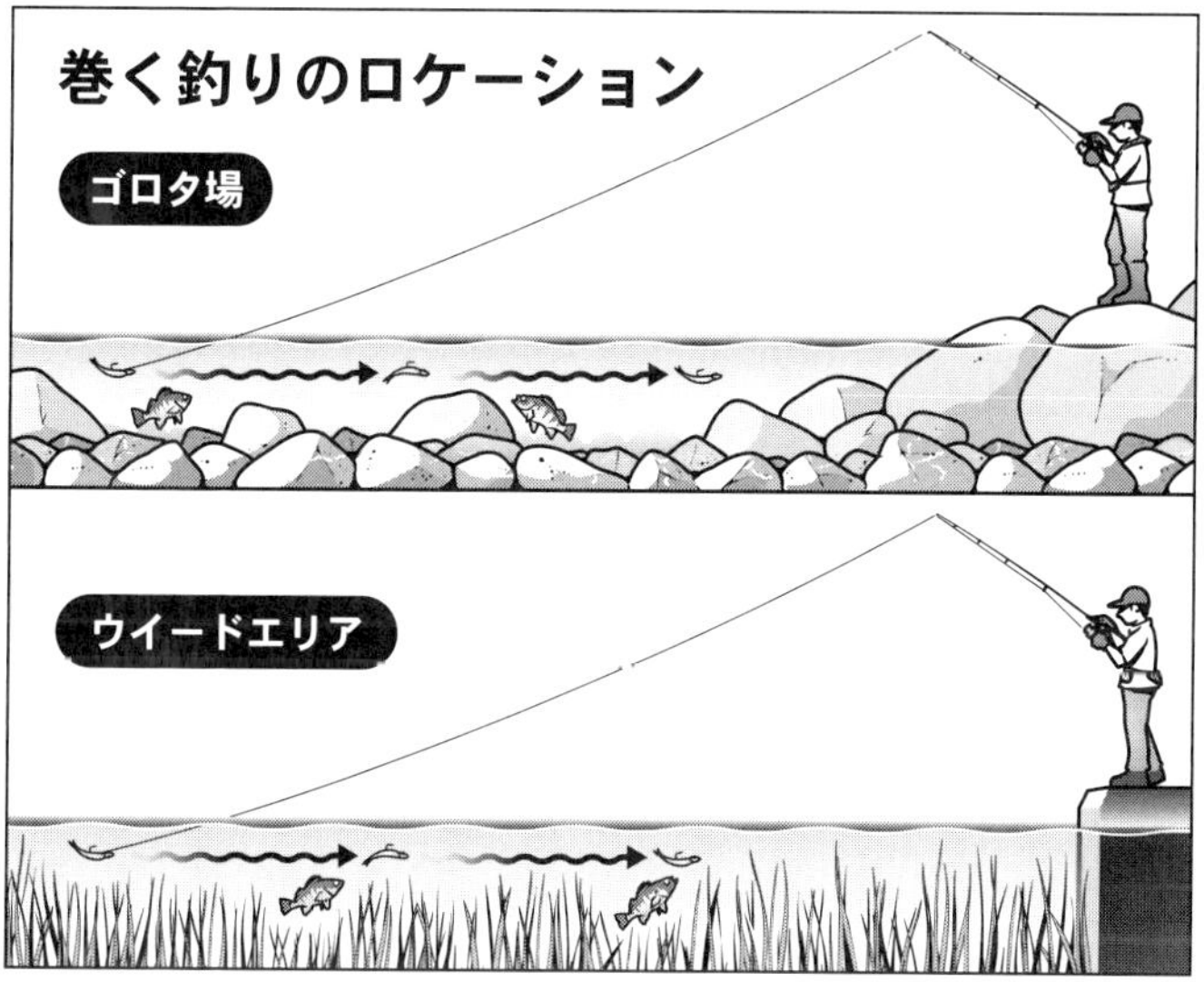

ク沿いなどにタイトについている「追いの距離の短い魚」に対する攻略法。リーリングは抑えめ、ロッドワーク中心でジャークさせ、ストラクチャーのそばで出来るだけ長く見せるのがキモ。ジャークの後のポーズも、フォールスピードが押さえられるのでロングポーズを織り交ぜる。

④ヘロヘロワインド

0・5g以下の極軽量ジグヘッドを使い、チョチョンと躍らせた後はフリーフォールで落とし込む。ようするに死にかけ小魚を演出する釣り方で、0・2〜0・5g+ワームの浮力によるスローフォールがキモだ。

この場合、弱った小魚のヒラッとく

ねるような動きが必須であり、ガルプ！アライブ！ミノー1inと、がまかつキャロヘッド（0・25～0・4g）が共にシェイプが縦扁平で抜群の相性となっている。

以上、これらが私の日常的な巻かない釣りの全容です。

そして私が巻く釣りを展開するのは前述したように全体の1割程度。それは、伊豆のゴロタ場や密集するウィードのトップなどでワーミングする場合など、止めてしまうとリグが石や藻に潜り込んで根掛かりするような特殊な条件下や、イカナゴやカタクチイワシなど、明らかに小魚を追い回している場合のみということを附記しておきます。

六ノ扉

さらなるステップアップのためのヒント

メジャーポイントを捨てよう

海は広いのです。とてつもなく。

私たちの住む国土は海に囲まれています。そしてライトゲームのターゲットはその海岸線すべてがポイントといってもけっして過言ではありません。しかしながらライトゲームを楽しむ方々のほとんどが雑誌やテレビ等で紹介されるポイントへ集中しています。そして過密した釣り場ではろくなことが起きません。ポイントの奪い合いやゴミや騒音問題など、本来楽しむための趣味の釣りが諍《いさか》いや問題の種になったのでは本末転倒です。

本書で学び、楽しい釣りを実践して真の中級・上級者を目差すなら、メジャーポイントを捨て、過密エリアを見切り、自分だけのパラダイスを見つけましょう。

ターゲットの性質を知り、そのエサを知り、地形や海況を把握し、季節の移り変わりや気象を読み、五感を研ぎ澄まして獲物へ近づくのが本来の釣りの姿なのです。

上級者の「腕のよさ」というのは決して小手先の技術ではなく、「読み」の総合力なのです。これが身に付けば怖いものなどありません。どこへ行こうがいつ行こうが素晴らしい釣果に恵まれるのです。

・地図を読む

メバルはどこにいるのか？　アジはどこにいるのか？　意外に地図を見ればある程度追い込めるものなのです。

しかも現代はとても便利なツールがあります。インターネットでの地図検索です。ヤフーでもグーグルでも衛星写真で海岸線を見ることができます。海の色合いから海岸線の海の深さまで判断ができるのです。

そして川筋の存在。実はこれはポイント捜しにかなり重要なプロットとなります。本書ではメバルやアジを中心に、そのエサとなるものも語ってきました。

プランクトン。これがライトゲーム・ターゲットの食物連鎖の底辺なわけですが、このプランクトンは概ね動物性であり、その動物性プランクトンの生育を促すさらなる底辺に植物性プランクトンが存在します。そして植物性プランクトンは「真水」に大きく左右されます。分かりやすい例で述べると、雨が降って雨水が地表を伝い、川へ流れ込み、多くの植物性プランクトンを海へ運ぶと、今度は海水性の動物プランクトンがそれをエサにして爆発的に増殖します。特に秋口のアジは台風や秋雨の後に爆発的に釣れることがよくありますが、それはこういった連鎖の結果なのです。

だから私は新規ポイントを捜す場合に川筋の存在をかなり重要視します。

しかしこの場合、大きな河川が対象ではありません。大河川はもちろんポイントをたくさん生み出しますが、同時に大きな港湾や海浜施設をも抱えることになり、結局は釣り人がたくさん訪れるメジャーポイントとなってしまっています。

私が注目するのは、大きな川のない海岸線や半島などに存在する、超小規模河川の話です。そこに目立たない程度の小規模河川（この場合川幅2～3ｍで充分）があれば、その汽水域周辺はかなり美味しいポイントとなります。

大型流入河川がなければそこへ物事が集中するからですし、過去に誰の目にも触れなかった好ポイントがひっそりとあったりするわけです。

そしてもうひとつ注目すべきは「伏流水」の存在。あまり知られていない事柄ですが、どこの堤防や岸辺にもいる海エビの生態がキーワードです。このエビたちの産卵及び孵化に沿岸の海底から沸き上がる伏流水が大きく影響しているようです。そして当然孵化したばかりの小エビたちはメバルやアジの格好のエサとなります。

伏流水を目視で捜すのはなかなか難しいですが、要領は簡単「後ろを見ろ」です。海辺へ立って海ばかりを観察するのではなく、背後の山などにも注目します。開けた都会都市部の海岸では無理ですが、背後に山がある地方の海岸線や、離島などで新規開拓する時は

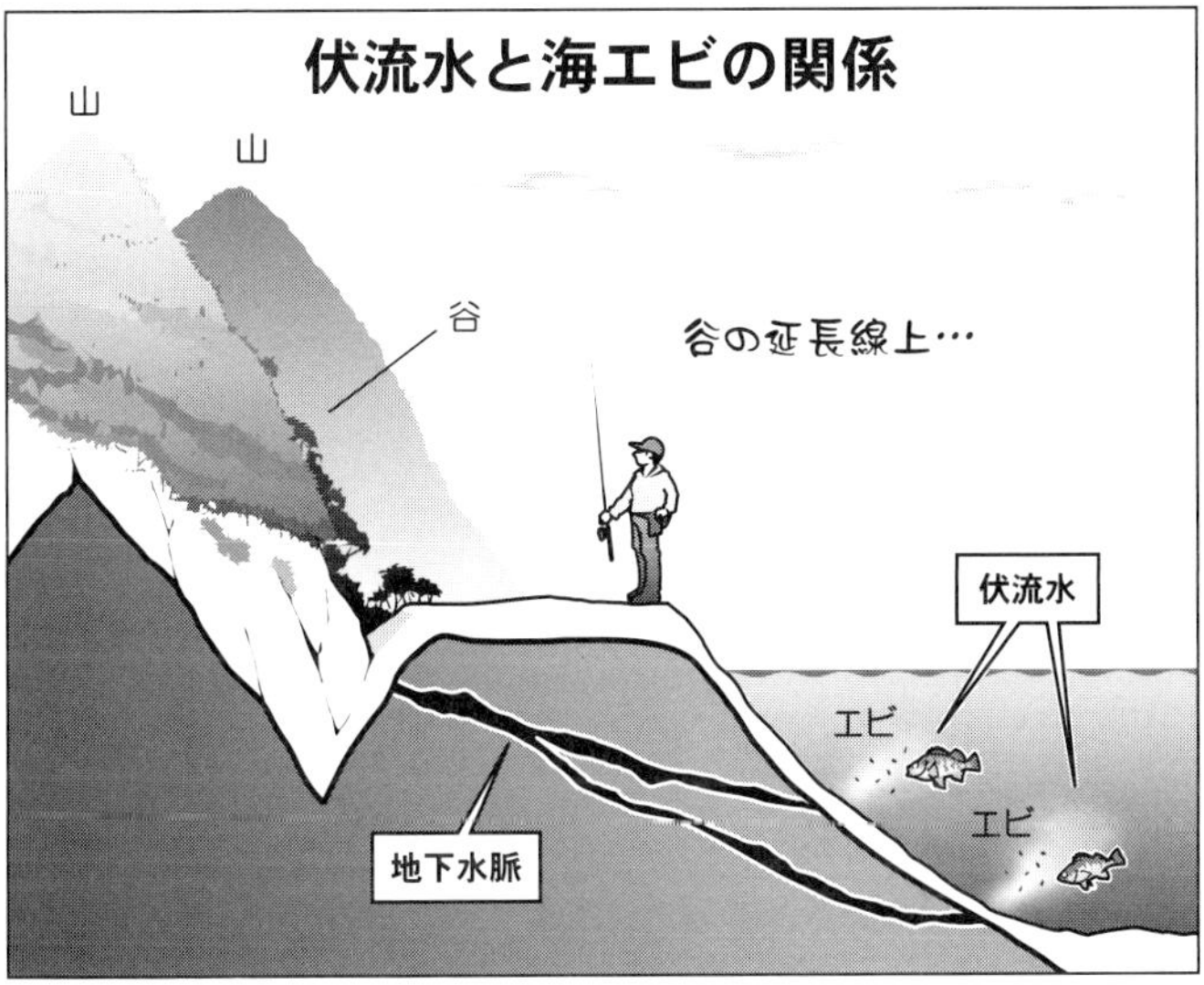

後ろの山を見て「谷の延長線上の海面」に注目します。川が存在しない谷では、大きな確率で海の中で伏流水が湧いているとみて間違いがないからです。

さらに地図で参考にしたいのは海図などの海の深さまで読めるレベルのもの。メバルにしてもアジにしても、大型が釣れる場所というのは大抵近くに深い部分があります。

要は「ディープに隣接したシャロー」というのも大型をねらう際に外せない要素のひとつなのです。

こういった観察も海図や高空写真で見れば一目瞭然なのです。

釣り情報の本質を読む

私に釣りの基礎を叩き込んでくれた師匠（瀬戸内の釣り仙人・木原名人）の教えはまさに正鵠《せいこく》を得ていました。

それは「釣り情報は裏を読め」でした。

分かりやすくいえば、「釣り情報」は「過去に釣れた情報」であり、決して「今から釣れる情報」ではないという事実です。恐らく大勢の方が経験しているでしょうが、新聞や雑誌などで紹介された釣り情報を頼りに現地へ出向き、釣れないな……と嘆いたことが一度ならずあるはずです。

これらの現象は常に魚の動向を観察していれば当たり前のことです。

季節の変化や水温の変化と共に、海岸線で釣れる魚種は入れ替わり入ってきますが、無限に群れが入ってくるわけではありません。したがって、ひとつの釣り場で、たとえばメバルが入れ食ったとしても、それは「ひとつの群れ」の話ですし、情報をキャッチして行っても、そのポイントにおいては「すでに釣られた情報」でしかありえないのです。

中級、上級を目差すのなら、釣り情報というのは「季節のスパン」で見るべきであり、

「海域の状態」として見るべきなのです。

したがって私などは「○○の堤防で○○が爆釣！」などの情報を見ても、決してそのポイントへは入りません。なぜならほとんどのケースが「釣られたカス」でしかありえないからです。私はその手の情報を見ると「その海域がよい状態にあるな」と読みます。そしてそこから次の爆釣ポイントを割り出すべく、例年、経年、の情報を加味して次にターゲットが寄り付く場所、すなわち「エサになるベイトが集まる場所」を、海流や水温の変化、それにともなうさまざまな変化を求めて推理し、探索していきます。

よく釣る人というのはこういう視点で釣りを見ています。他人の後追いでは決してスーパーな釣果は得られません。釣り情報というのはメディアから得るものではなく、海が教えてくれるもの、海から読み取るもの、だと理解しましょう。

昼の下見について

新規ポイントの開拓に昼間の下見は欠かせません。夜は何も見えなくなりますから、昼の間にしっかりと把握しておくことが重要です。

さりとて、下見だけで海岸を歩くのも大変です。だから私はライトゲームを広義で捉え、魚種にこだわらず「昼の釣り」も大事にします。その代表的なものが「秋の新仔ねらいのエギング」。アオリイカは幸いなことに岸寄りで育ちますし、よほどのことがない限り海岸線のすべてに存在します。海岸道路沿い、サーフ、漁港、テトラ護岸帯、磯場、秋9月半ばを過ぎれば至るところで目にすることができます。そして大抵の場合アオリとアジやメバルは食物連鎖の同じ輪の中にいますから、アオリがよく釣れる場所イコール、アジ、メバルポイントとなり得るわけです。

もちろんメバルもアジも日中には大型は姿を隠してなかなか出てきてくれませんが、夜になれば大型が着く条件というのはしっかり見て取れるわけです。潮通し、ディープやブレイクの位置、ベイトの存在、岩や藻の位置、そして前項で述べた川筋や伏流水なども頭にいれたうえで夜のポイント候補を作っていくわけです。

日中の干潮時はポイント
観察のチャンス

昼のカブラフィッシング
には特別な力がある

日中アジングは夜間にも
活きてくる

干潮時のポイント

一般的な堤防ポイントでもそうなのですが、概ね水深の深い場所は干潮時のポイントとなり得ます。特に岸から一気に深くなっている場所などは、潮が下がっても魚はあまり沖合に出ずに近くのディープポケット等に溜まっている場合が多く、下げ止まりから返しの潮で一気に活性が上がって爆釣することがよくあります。これを「干底返しの時合」と私は呼んでいます。

これも昼間の干潮時に磯を歩くと思わぬ収穫にありつくことがあります。満潮時には全く見えなかったブレイクや砂止めの敷石が姿を現わし、その段の向こう側に藻が密集していたりすると間違いなくビッグポイントとなります。しっかりとカーナビなどへマーキングし、夜の干潮時にブーツを履いて立ち込めば「自分だけのパラダイス出現」となること請け合いなのです。

こういった場所を発見するためにも、種目の違うエギングや、あるいはメバルのデイゲームなどを取り入れて、楽しみつつ昼の下見をすることをおすすめします。

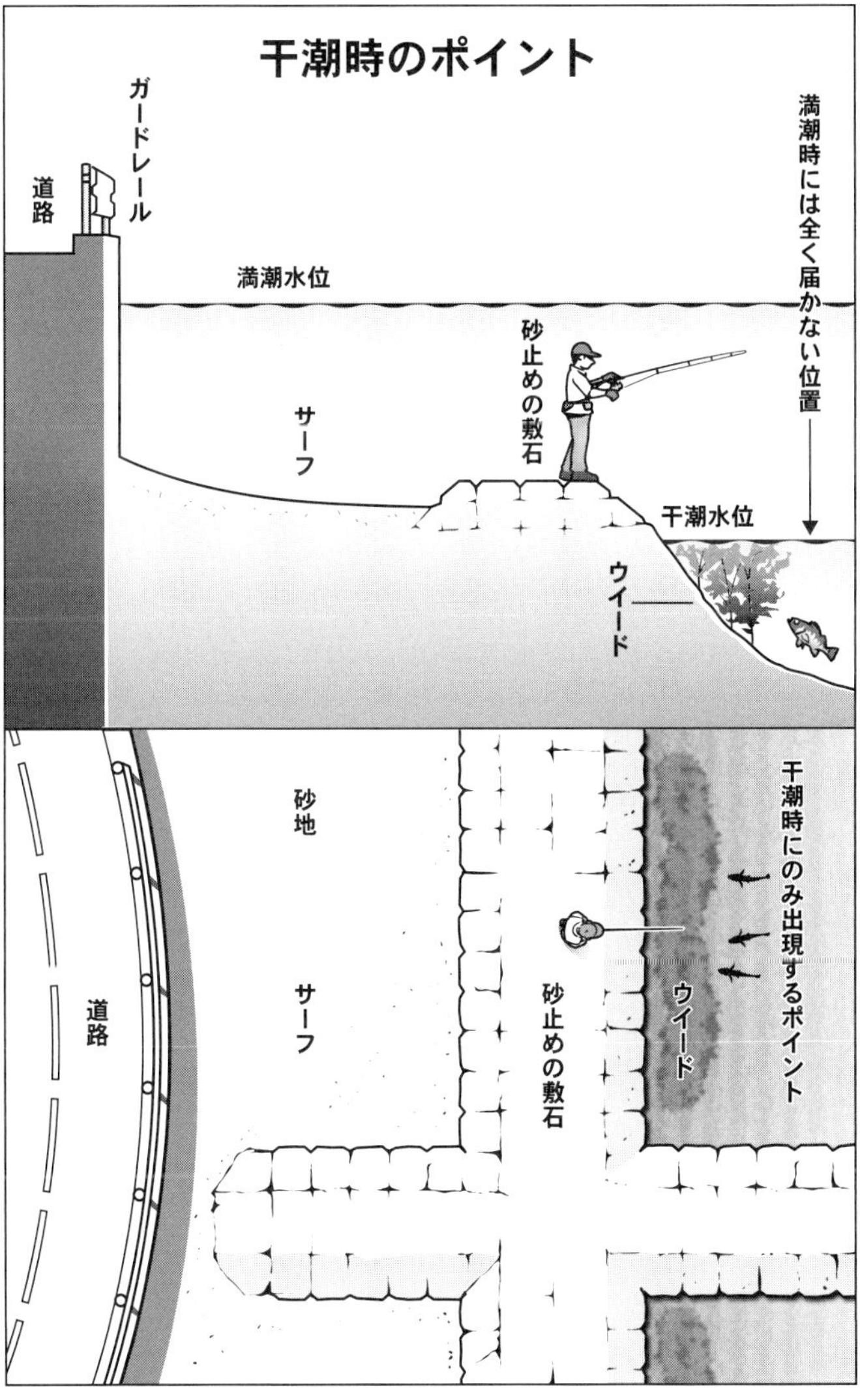
干潮時のポイント
ガードレール
道路
満潮水位
満潮時には全く届かない位置
砂止めの敷石
サーフ
干潮水位
ウイード
砂地
道路
サーフ
砂止めの敷石
ウイード
干潮時にのみ出現するポイント

デイゲームと多魚種フィッシングの勧め

前項と多少重複しますが、デイゲームにはライトゲームのすべてが凝縮されているといってても過言ではありません。もちろんナイトゲームもナイトならではの魚たちが遊んでくれますが、釣れる魚種の豊富さは昼間のほうが多いといえるでしょう。

そして何よりデイゲームをお薦めする理由は、「見えるから」です。

海中のアンジュレーション（起伏）が見え、流れが見え、魚の位置が見え、ルアーの動きが見え、そしてルアーに対する魚の反応が見える。これが何より大きい。

私自身もずいぶん昼間に研究をしましたし、特にデイメバルの観察で「流れに着くメバルの捕食シーン」には目を見張るものがありました。

潮が動き出すまでは頭の向きも一定ではなくバラバラで食い気も全くなく、リアクションバイトを誘うワインドのようなリグでやっと釣れる程度。それが、潮が動き出して一定方向へ強く流れ始めると一斉に同じ向き（上流側）へ頭を揃えて並び、頭上を流れてくる「何か」をしきりに捕食し始める。そしてジグヘッドにワームを付けて流すと活発にバイトしてくるが、それも水面直下の一定のレンジでしか反応せず、極軽量のリグ（0・5g

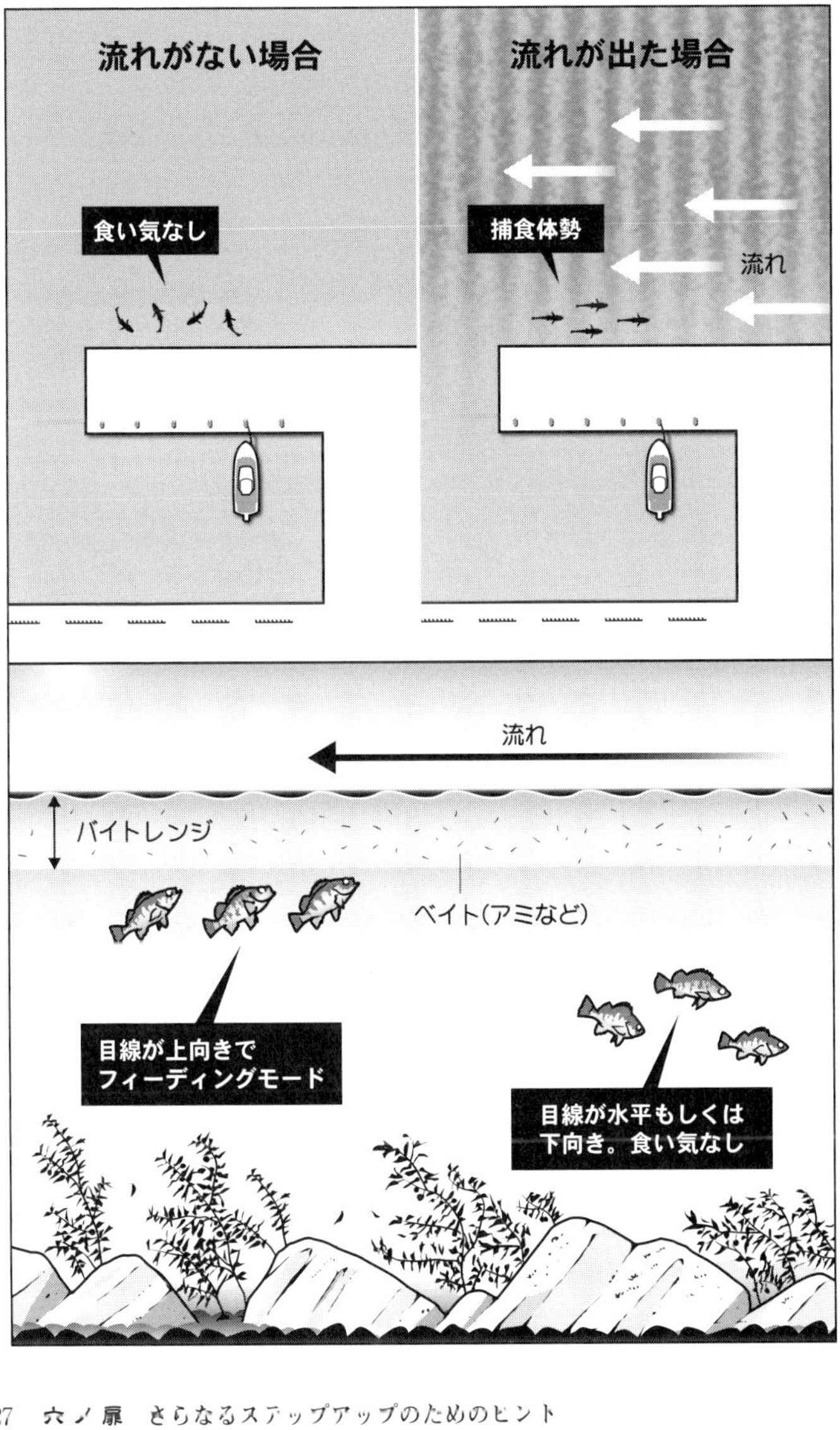

流れがない場合
食い気なし
流れが出た場合
捕食体勢
流れ
流れ
バイトレンジ
ベイト(アミなど)
目線が上向きで
フィーディングモード
目線が水平もしくは
下向き。食い気なし

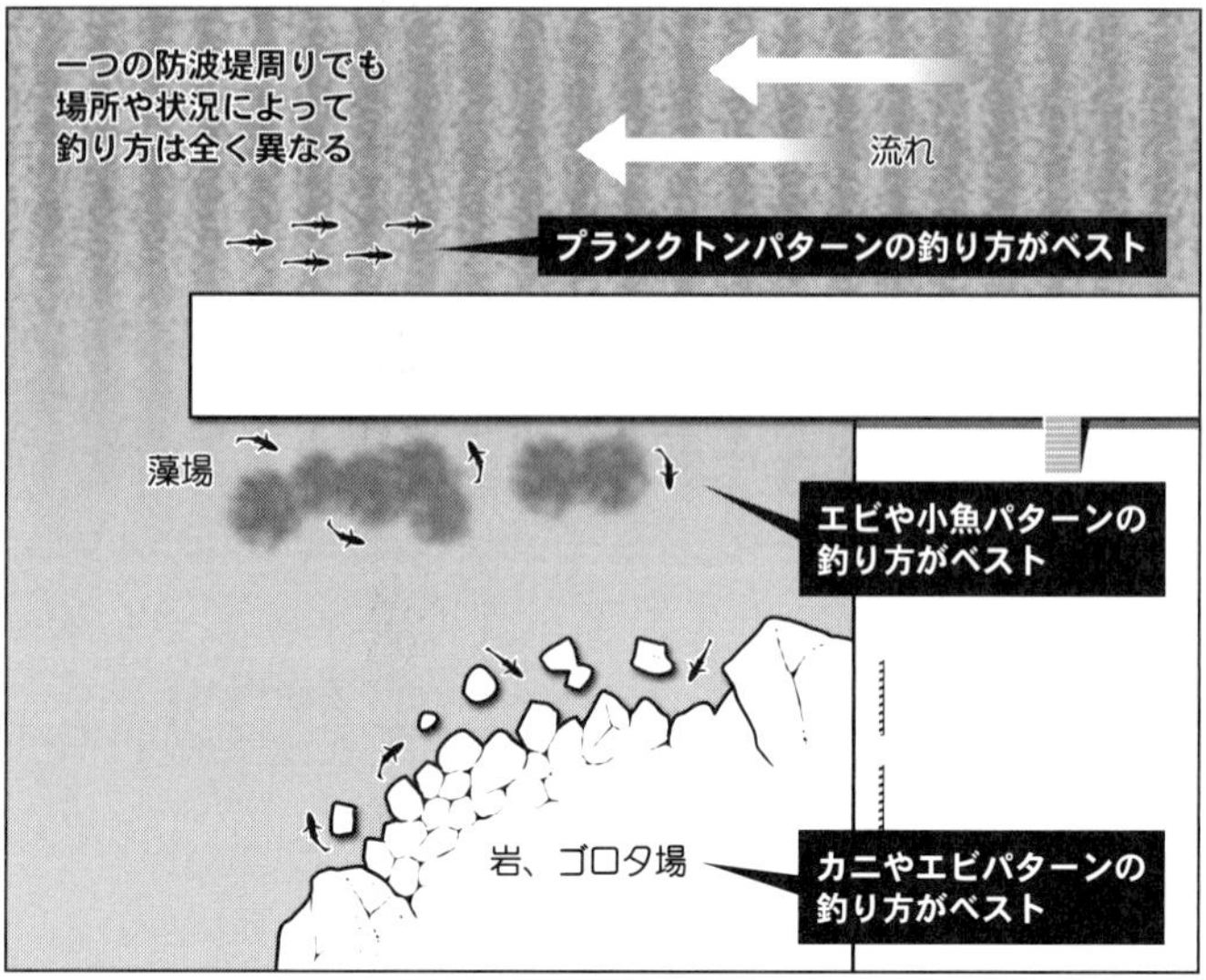
一つの防波堤周りでも
場所や状況によって
釣り方は全く異なる
流れ
プランクトンパターンの釣り方がベスト
藻場
エビや小魚パターンの
釣り方がベスト
岩、ゴロタ場
カニやエビパターンの
釣り方がベスト

前後）をナチュラルに流してやる必要性が目視と共にモロに体験できたのです。

藻の中やすぐそばで待機している魚にリグを通してやると、これまたいくつかの面白い現象を見て取れます。

クサフグやベラ類は3ｍ離れたところを通しても見つけて活発にバイトしてきますが、メバルやカサゴやソイはタイトに（50㎝内外）通すか、ポイントを直撃してチョンチョンダートやチョンチョンフォールを混ぜてやらないと食ってきませんでした。

デイゲームはこれらの経験を通じて魚種別の攻略法を養うのに必須ともいえるのです。

リグ別の反応の仕方を知ることでそのリグの能力を最大限引き出すことが可能にな

デイゲームは楽しいうえに、いろいろな情報も目に入る

砂利浜＋藻場は最高のポイントのひとつ

ります。そしてリグがどの魚種に強く反応するのか（たとえばカブラにはほとんどメバルしか反応しません）をモロに目視出来ますし、メバルひとつとっても流れに着いているヤツと藻や岩に着いているヤツとでは、使用するリグの使い分けが必要なことが深く理解できます。

　そしてデイゲームでの経験はナイトゲームに大きく反映されるのです。

　海中がまるで見えない夜の海では想像力が最大の武器になります。魚の着き場や、ルアーの動き、通すコース、通すレンジ、などをしっかりと五感に焼き付け、イメージの中でリグを思うがままに操れたら魚はきっちりと応えてくれるものなのです。

他魚種の釣り分けがスキルをアップさせる

ライトゲームは本来魚種を限定させないほうが早く上達します。
魚種を限定し、固執すると、ターゲットが少し本来的ではない状態の時に釣り方を見失ってしまいます。

「メバルは巻いて釣る」
「アジはストレートワームが一番釣れる」
などがその代表例なのです。

ねらいのターゲットを確実にヒットさせるためにも、ライトゲームをもっと深く楽しむためにも、海岸線でねらえるさまざまな魚種にチャレンジし、それぞれの本質的な習性や、その変化形にも通暁したいものです。

参考までに、私が通年メバルタックルでねらって釣っている魚種と、その釣り方をざっとご紹介します。

・カサゴ、ムラソイ

メバリングの際の代表的なゲストといえますが、明確にねらって釣ることが可能な魚で

ミニマルの甲殻類パターンでゲットした35cm大カサゴ

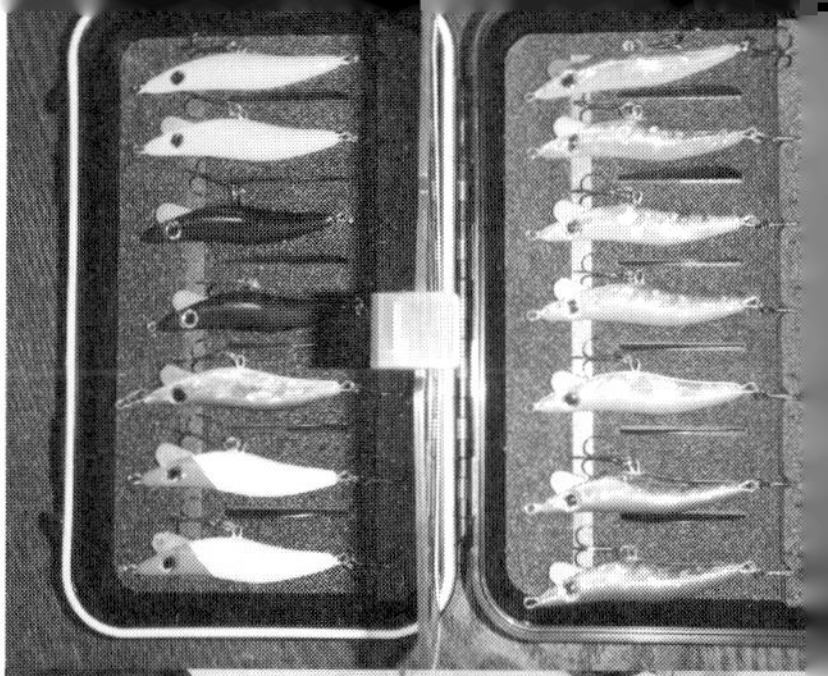

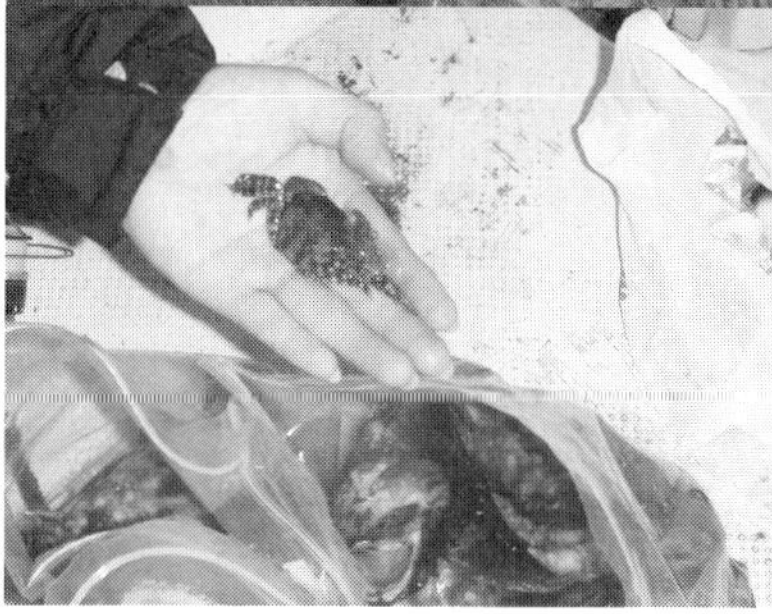

上／餌木型ルアー、ミニマル
下／カサゴが吐いたカニ。食性を知ることのできる生情報

もあります。主食は甲殻類で、胃袋を開けるとほとんどといってよいくらいカニが入っています。したがって居場所は概ね「海底の何か」のそばであり、攻め方も敷石際や藻の付け根などを丁寧に探りますが、最近私のお気に入りの釣り方は、シンキングペンシルタイプの餌木型プラグ「ミニマル」やメタルバイブによるカサゴゲームです。従来はクロー系ワームなどで釣っていましたが、ハードルアーの動かし方次第ではカニにもエビにも小魚にも変身し、チョンチョン&フォールだけでも実によく釣れます。これも従来の常識の枠を超えてトライした結果であり、ワームオンリーの時よりはるかに数、型共に楽しめるようになりました。

ペンシルでチヌをヒット

習性的に昼間でも普通に釣れますし、思わぬ浅場にも生息しており、それがために釣り人に見逃されていることが多く、極端なケースでは水深50㎝に満たない場所で数が釣れたりします。ただし30㎝を超える大型はそれなりに警戒心も強く、夜間満ち潮に乗って広範囲に遊泳して食餌活動をする傾向もあります。そういった傾向の時にはオープンエリアでのボトムスレスレスイミングが効果的です。

・クロダイ（チヌ）

近年までエサ釣りでしかねらわれなかった魚ですが、ここ数年はさまざまなルアーで、デイでもナイトでもよく釣られています。

代表的なのは河川内、汽水域エリア、河

こちらはミニマルでチヌ

口での日中ポッピング&ペンシルゲーム。

ポッパーやペンシルからなる水面系ルアーの釣りですが、水深2m内外の浅場でポッパーをポコンポコンと動かし、ポーズで待ったり、イワシなどの小魚がたくさんいる場所ではペンシルによる連続ドッグウォークに小気味よく水面を割って襲いかかってきます。

また、チヌは貝類や甲殻類も大好きなので、夜間の護岸際やガレ場などカニがたくさんいそうな場所ではカサゴ同様ミニマルなどのボトムパンピングや、壁際スレスレのハードルアーの落とし込みで爆釣したりします。本文内でも紹介していますが、こういった前者(水面)・後者(海底)の釣りを展開し精通すれば、それをそのままメ

バリングやアジングのフィールドに持ち込むことも可能であり、時として大当りすることさえあるのです。

・マダイ

岸からねらえるフィールドはそう多くないともいえますが、ライトリグでも本気でねらえばある程度釣れることが近年分かってきました。今までは通常のメバリング及びアジングリグでは飛距離が足りず、沖のブレイクなどマダイの通り道まで届かなかったのが釣れない原因でした。ところが昨今のPEラインの発達で、0・3〜0・4号の細PEを使用し、7g前後のメタルジグや5g程度のジグヘッドで遠投すればメバルタックルでも充分ねらって釣れるターゲットだということが証明されたのです。

アジング中にきたタチウオ

釣期は概ねノッコミ時期であり、夜間に明かり付きの堤防など浅場まで捕食に上がってくる時が最大のチャンスです。通常のメバルロッドでもドラグ調整をきちんとしていれば60㎝までなら充分キャッチ可能です。メタルジグの場合はボトムパンピングからのステイ、ジグヘッドはワインドするものを使い、ボトムでのワインドダートの後テンションフォールで食わせます。

・タチウオ

秋にアジングをしていると、釣れたアジに食いついてくることがよくあります。タチウオのルアーゲームはすでに確立されていますが、私はあえてそのままメバルタックルで挑みます。もちろんマダイなどと同様に、ある程度のウエイトのある魚ですか

メバルロッド、PE0.5号、ミニマルの組み合わせで釣れたシーバス。90cm近いサイズ

ら手持ちのメバルロッドの中からパワータイプの物を選びますが、リグはメバル用のワインドジグヘッドの一番重いものを、ワームも3インチクラスの大きめピンテールを使用します。

釣り方は表層直下でのワインドからのテンションフォール。マダイ同様取り込みにはタモが必要となります。

・シーバス

港湾部や河川域での好ターゲットですが、これも私はメバルタックルで普通にねらって釣ります。プラグへの反応が非常によい魚ですが、専用の大型プラグ（10㎝前後）には反応しない時もあり、そういった「ベイトが小さな魚」である場合にはメバル用プラグが劇的に効く場面も少なくありませ

上／アジねらいのメタルジグにシーバスがヒット
左／カマスゲームも楽しい

ん。だからこそ私は、メバルロッドは常に3本は車へ常備し、一番強いタイプのロッドにはPEをセットしておきます。

また通常のミノーだけではなく、ボイルがある時などはペンシルなどの水面系ルアーにも非常に反応がよく、私のようにハードルアーの使用頻度が高い釣り人は、この魚に限ってはねらって釣ることよりもメバル釣りの際に自動的にヒットしてくる確率が一番高いといえます。

・カマス

夏から秋にかけて大量に接岸します。

ソフトルアー、ハードルアーに限らず非常にルアーへの反応がよい魚ですが、一方では非常にスレやすく、3尾釣るごとに違うタイプのルアーに結び替えるなど、一工

メバルロッドで秋アオリ

アイスジグ＆ミニマルでスルメイカ
大量捕獲の図

夫が必要です。

昼間はオープンな場所へ大挙して回遊してくるので、群れを追いかけながらねらいますが、夜間は概ね常夜灯の灯った堤防の影の中などにずらっと並んでエサを待ち受けています。ソフトからハードまでさまざまなルアーでローテーションをかければ数釣りも果たせるでしょう。

・イカ（アオリイカ、コウイカ、スルメなど）

港湾部にはシーズンを通してさまざまなイカが入ってきます。最近は「ライトエギング」という新ジャンルも確立されつつありますが、メバルロッドなどのライトタックルによるエギングがまさにそれです。

アオリイカは大きめのキレのよいジャー

メバルロッド＋ミニマルのボトムズル引きでコウイカがきた

クに高反応ですが、スルメイカはゆっくりめで振り幅も小さめなジャークからのテンションフォールに高反応です。コウイカは底性が強いので、ボトムズル引きからのロングポーズでねらいます。

　使うルアーは1・5〜2・5寸までの小型餌木を使用したり、スルメイカやマイカなどはミニマルなどのシンキングペンシルにも反応がよく、リアフックのみをカンナに替えて釣ると、同時にメバルやアジもねらえて楽しめます。

・マルアジ・サバ

　最近注目されつつあるニューターゲットです。主に秋口にカタクチイワシの接岸とともに、イワシを追いかけて港湾部やサーフなどの浅場へ群れで突っ込んできます。

横浜沖堤、朝マヅメにきたマルアジ

朝方暗いうちから空が白み始める朝マヅメが最大のタイミングです。釣れる時間は平均1時間ほどでとても短いのですが、ハードルアーに非常に反応がよいうえにサイズも30㎝後半から50㎝と大型が多く、引きも強くて楽しませてくれます。
釣り方は遠投が必要なのでPE0・3〜0・4号を使い、10〜20gのメタルジグのジャークや、クルクルイモ〜ト、コーゾースピンなどの小型スピンテールジグ、またはバスデイレンジバイブ45ESなどのバイブレーションのただ巻きでよく釣れます。

無限の可能性を秘めたライトゲーム

本書はメバルやアジを中心に、ライトリグを使用するルアーフィッシングの要諦を語ってきました。

そしてライトゲームのターゲットはその性質上（使用するルアーが非常に小型であること）まさにさまざまであり、時として思いもよらぬ獲物を手にする釣りでもあります。

本文からは除外しましたが、他にも小型クランク＋テキサスシンカーを使用した落ちハゼ釣りや、子供でもワームでいくらでも釣れる磯ベラフィッシングなど、まだまだ枚挙にいとまがありません。

上／たとえば、小型ボートを組み合わせてみるのもアリだ
下／アイナメには変り種ワームが吉

マハゼもライトゲームの立派なターゲットになる

そしてこれら複数のターゲットを「ライトゲーム」として広義で捉えれば、それはすなわち四季を通じて楽しめると同時に、「雑誌などでそれぞれの魚種で限定されているかのように紹介されている釣り方」は、実際には場面によっては各魚種に共通のものであったり、または相反する釣り方が正解だったりすることに気づくようになります。

さらには本書のテーマである「ルアーフィッシングからの脱却」「エサ釣り技法に学べ」の実践で、ライトゲームの世界は飛躍的に広がるはずですし、知的興奮を伴った釣果をきっと味わわせてくれることでしょう。

海のターゲットは多彩。ミノーにシマイサキがヒット

磯ベラ（ササノハベラ）は子供や女性に大人気！　引き味も強い

私のライトゲーム三種の神器

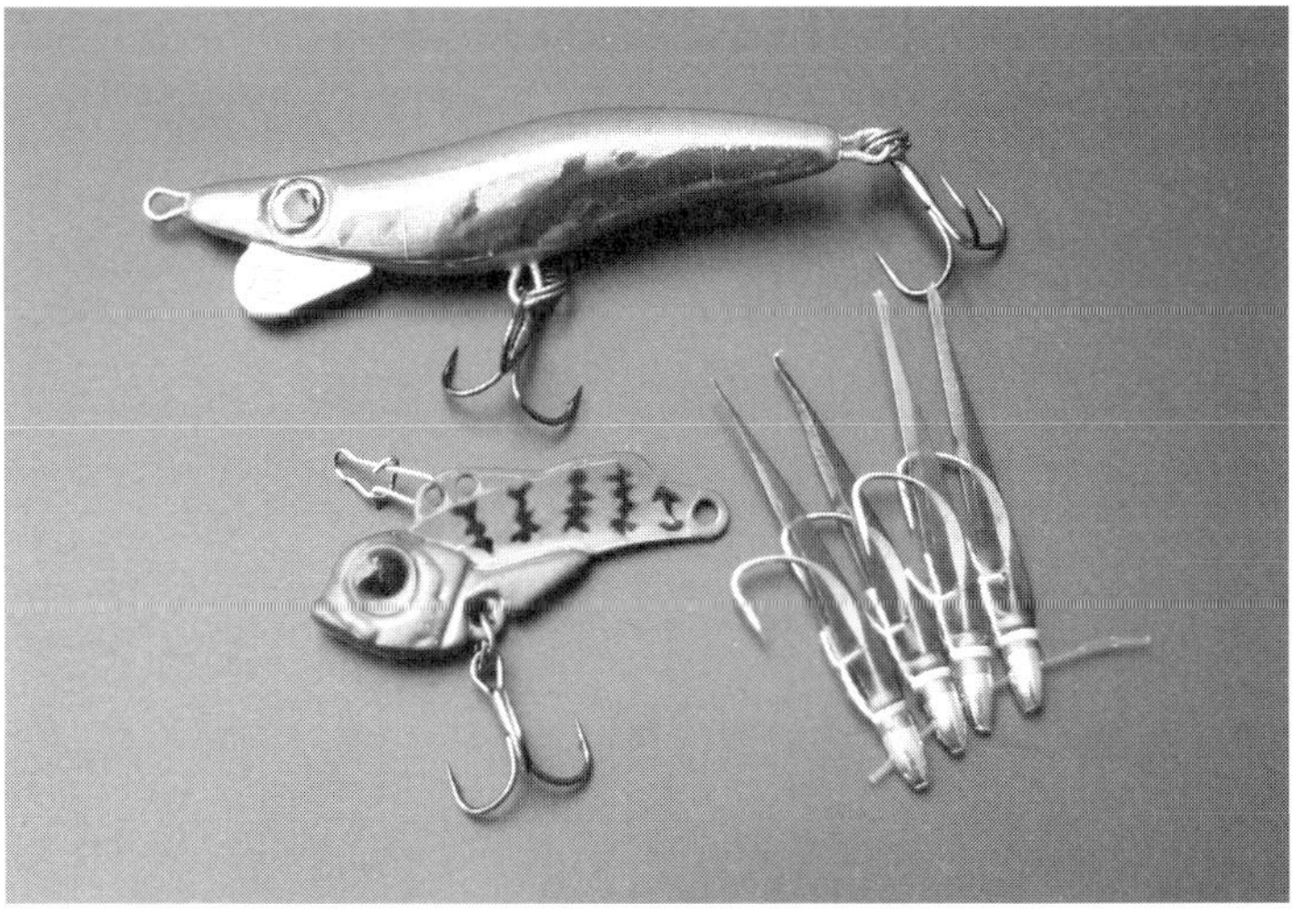

著者プロフィール
LEON 加来　匠（かく・たくみ）

福岡県生まれ。広島県広島市在住。瀬戸内海を中心に、沖縄から北海道まで全国各地の港湾部でのルアーターゲットを40年も追いかけ続けている、根っからのライトゲームアングラー。長年培ったノベザオをはじめとしたエサ釣り理論もソルトルアーフィッシングに融合させ、現在のメバリングやアジングシーンを新理論の下牽引する第一人者。仕事柄、生態系や命の輪廻を微生物やプランクトンレベルから研究し、魚類生態観察を軸に独特の釣り理論を展開する。「アジング」の命名者としても知られる。釣りブログ「Keep Casting, all for Joy by LEON.」は、ニックネーム「レオン」の呼び名で多くのライトゲームファンを擁し、釣り界でもトップクラスの閲覧を誇る。釣りDVD『めばるingアカデミー（Lesson1,2,3)』『アジングアカデミー1』はファンの間ではライトリグバイブルと化している。ソルティブランドブリーデン、ピュアフィッシングジャパン、TALEX、ほか多数のテスターを務める。広島植物科学研究所代表、ペットケア研究主査が本業。

アジング・メバリングがある日《ひ》突然《とつぜん》上手《うま》くなる

2011年7月1日初版発行
2021年3月1日第7刷発行

著　者　LEON 加来　匠
発行者　山根和明
発行所　株式会社つり人社

〒101－8408　東京都千代田区神田神保町1－30－13
TEL 03－3294－0781（営業部）
TEL 03－3294－0766（編集部）
印刷・製本　三松堂印刷株式会社

乱丁、落丁などありましたらお取り替えいたします。

ISBN978-4-86447-005-6 C2075
つり人社ホームページ　https://tsuribito.co.jp/
つり人オンライン　https://web.tsuribito.co.jp/
釣り人道具店　http://tsuribito-dougu.com/
つり人チャンネル（You Tube）
https://www.youtube.com/channel/UCOsyeHNb_Y2VOHqEiV-6dGQ